自宅であげる
神棚祝詞

中澤伸弘 著

戎光祥出版

神棚は家庭のパワースポット——まえがきにかえて

世の中が複雑になってきて、ストレス社会と言われるようになりました。多くの人が何かしらのストレスや悩み、不安を抱えていると言われます。急に体調がよくない、人生設計が思うようにならない、どうして自分は不運なのだろうかなどなど、さまざまな悩みが人生にはつきものです。自分の力ではどうにもならない時、人は神仏にすがってきました。近くの神社や自分の御先祖様に今の状況を知らせ、何とかしてほしいと願うのです。人間はやはり弱い生き物ですから、科学が発達した現代でも、自分より偉大な威力を持つと信じられてきた神仏を頼りにして、そこに安心を求めています。

お正月の初詣を始め、受験にあたっての合格祈願の御守りや鉛筆、安産や厄除けの祈願、または初宮参りや七五三詣で、結婚式などの人生儀礼も、身近な神社や霊験のある神社などへお参りしているのではないでしょうか。大げさなことだけでもなく、御朱印をいただいたり、通りがかりの社寺や小祠にお参りするのも同じことだと思います。

そう考えると、日常の生活の中に「祈る」という形が意識の有無とは関係なくあらわれるのが日本人の暮らしのようです。自分の力でどうにもならないことを「祈り」を通して解決しようとしてきたのです。地域の社寺を始め、路傍の石仏などにも過去多くの人が額づき、さまざまな「祈り」を捧げてきた重い歴史があるのです。その「祈り」が神仏に通じた場合もあり、また「祈り」が足りないために聞き入れられなかったこともあるでしょう。いずれにしろ、「祈る」という行為は人間にしかできないことで、「祈り」を通して神仏に近づき、「祈り」を通して自分に一番素直になれるのだと思います。そういう意味で「いのる心」は人間の一番根底にある大切なものだと思うのです。

日本人は日常の生活の中に神様を見出し、神様と一緒の暮らしを営んできました。その年の歳神様《としがみさま》や、地域の氏神、守り神のお札、また、伊勢の御師《おし》の配札（お祓い大麻《たいま》）をお祀《まつ》りして「祈り」を捧げてきました。我が国最古の歌集『萬葉集《まんようしゅう》』にも家庭での祭祀の歌があります。これが今日の神棚の「祈り」につながります。そのほか台所やトイレや井戸など家庭内のあらゆる場所に神を祀り、折々にお供えをしては「祈り」を重ねてきました。このように「いのる心」が大切なのですが、その「祈り」をどう神様に伝えるかという問題があります。心の中で念じることも大事ですが、「ことば」に出して祈るという行為が、実は大きな意味があるのです。日本の言葉には「言霊《ことだま》」があると信じられてきました。朗々と発する言葉の力に、神様が感応《かんのう》するのです。

私は和歌の創作や、古文で文章を書くことを楽しんできましたが、この頃「神棚の前で唱えるのによい、何か簡単な祝詞《のりと》を教えてくださいませんか」というお願いをされることが増えました。自分の言葉で祈るだけではなにか物足りなさを感じる、できれば古い言葉を使ってきちんとお願いしたいというのです。この気持ちを大切にしたいものです。もちろん神棚がない御家庭もあると思いますが、そのような場合は神社のお札をお祀りすることから始めてはいかがでしょうか。また、神棚はあっても年に一度、年末にお札を受けて入れ替えるだけの家庭もあるかもしれません。とにかく、神棚を祀る気持ちが重要です。そして何かあるごとに神様に相談やお願いをしてみることです。

昭和のテレビ番組の時代劇やホームドラマでは、居間には神棚があって何かを祈るシーンもありました。また、祖父母が毎朝、神棚の米塩を改めて拝んでいたという思い出のある方も多いと思います。今ではそういった情景も少なくなってきて、いざ神棚を前にして柏手《かしわで》を打って拝礼するとなると同居家族の手前、なんだか気恥しさを感じる方もいるでしょう。それでも神棚を祀り祈りを捧げることが、このストレス社会をよりよく生き抜くパワーを身に付けることになります。神様と一緒の生活は心の安定につながるのです。神棚を家庭のパワースポットにしてはいかがでしょうか。

神棚の前で唱える祝詞にはさまざまなものがありますが、現代の多様化する生活の中で、その願意に則した古語を使い、また、わかりやすく簡潔な祝詞を作成いたしました。祝詞というと、神社で祈願を申し込んだ折に、神職が神様に向かって読み上げるよくわからない唱え言と思われがちですが、実はわかりやすい内容ということがわかれば、親しみもわいてくるのです。祝詞は神職だけのものではなく、難しいものでもありません。誰でもが神様と結びつき、情報をお伝えする祈りことばだということをみなさんに知っていただきたいのです。

この本を用いて、神棚の前で朗々と祝詞を唱えてみてください。また、神職が兼務していて常駐していない神社の前で奏上してみてください。個々の「祈り」がさらに高まることと思います。神棚を祀り、祝詞を唱える。このことが「いのる心」となり、そこに家庭祭祀の原点があります。幸せな家庭や町づくり、ひいては国造りはこのようにしてもたらされるものだと信じます。

令和五年十二月

中澤伸弘

目次

第一章　日常の神棚祭祀の祈願

第二章　人の成長、儀礼に関する祈願

第三章　病気平癒関係の祈願

第四章　心願成就の祈願

第五章　家の新築改修、庭木の伐採などの祈願

第六章　産業・生業に関する祈願

第七章　新規購入・廃棄に関する祈願

第八章　神棚・祝詞・祭祀の基礎知識

凡例

一、本書は御祈願の内容に応じ、神棚の前で両手を広げて唱えられるよう見開き二頁に収めました。祈願を心の底から願うのであれば、半紙や奉書紙《ほうしょし》などに毛筆で心を込めて浄書《じょうしょ》し奏上するのが望ましいでしょう。祝詞《のりと》の奏上の仕方（唱え方）はカバー袖のＱＲコード、もしくは当社のホームページから音声で聞くことができます。神棚のお参りの作法、祝詞の浄書については、第八章の2を参照してください。

一、神事の祝詞は大和《やまと》言葉で綴られますが、読みやすいように現代仮名遣いの振り仮名（ルビ）をつけました。耳慣れない言葉でも本書で祝詞に親しむと、神職の奏上する祝詞が理解できるようになります。

一、祝詞は、毎日の朝拝の時にお供えもの（米・塩・水が基本）がある状況を想定していますので、初めて神棚を祀る場合などを除いて、祝詞の中に「御饌神酒《みけみき》供へ《え》奉りて」の記述はありません。

一、**【祝詞の訳文】**はわかりやすさを心がけたので、文法に則した細かな厳密な解釈ではありません。ことに「あらしめず（あることをさせない）」「蒙らしめ給へ（蒙らせてください）」などの使役表現の尊敬語の訳は、現代語の「―してください」ではうまく表現ができないため、大きな意味をとりました。同じ語彙でも「神様の御加護」「神様の御力」など表現が相違する場合もありますが、その雰囲気に合わせて意訳したので、あえて統一はしていません。**【語句の解説】**も同語が何度も使われるため、巻末に五十音順でまとめました。

一、祝詞は、本来は修辞や対句などが使われる長大で荘重なものですが、本書では一般向けに簡単に奏上できるよう最低限の祈願内容といたしました。

第一章　日常の神棚祭祀の祈願

家庭にある神棚を中心とした神様と御一緒の生活は、心の安定や心身を清めるということにつながります。この章には、日常の神棚祭祀の祝詞を集めました。

1

初めて神棚を祀る

――家族の安寧や幸せを願って神様をお迎えします

新たに設《ま》け斎《いつ》きまつる、これの神床《かむとこ》に鎮《しず》まります、掛《か》けまくも畏《かしこ》き大神《おおかみ》たちの御前《みまえ》に恐《かしこ》み恐みも白《もう》さく。

進み開け行く世の習《なら》ひ《い》のまにまに、こたびこの〇〇〇〇（自分の名前）が家にも神床に新たなる宮殿《みあらか》設《ま》け、大神たちの大御魂《おおみたま》を迎《え》へ奉《まつ》り、鎮《しず》め奉《まつ》らくと、今日《きょう》のこの新しき日の朝日の豊栄昇《とよさかのぼ》りに御饌神酒《みけみき》供《そな》へ《え》奉《まつ》りて拝《おろが》み奉《まつ》るさまを聞《きこ》し召《め》して、今《いま》ゆ《ゆ》行く先《さき》、これの家の永久《とわ》の守《まも》りの大神と千万《ちよろず》かけて斎《いわ》ひ《い》奉《まつ》り鎮《しず》め奉《まつ》ることの由《よし》のまにまに大神たちの高き厳《いか》しき大御稜威《おおみいつ》を常磐堅磐《ときわかきわ》に仰《あお》がしめ給《たま》ひ《い》、厚き広き恩頼《みたまのふゆ》をいや遠永《とおなが》に蒙《かがふ》らしめ給ひ《い》、喪《も》なくことなく幸《さき》く真幸《まさき》く守《まも》り給へ《え》と恐《かしこ》み恐みも白《もう》す。

【祝詞の解説】

日当たりのよい南か東向きの部屋を選び、新たに神棚をお祀りします。快く清い気持ちで、天照皇大神宮《あまてらすこうたいじんぐう》（伊勢の神宮）のお札《ふだ》と地元の氏神《うじがみ》神社のお札を納めます。できれば、**氏神神社の神職に清祓《きよはらえ》をしていただく**のがよいでしょう。その後に自分で祝詞を奏上し、神様と御一緒の生活を始めるにあたり、自分の思いを捧げてていねいにお祈りします。

【祝詞の訳文】

新たにお祀りするこの神棚にお鎮まりいただく、言葉に出して申し上げるのも畏れ多い大神様たちの御前に、謹《つつし》んで申し上げます。

進み開け行く時代の進歩にあわせ、このたび我が家の神棚に新しい神殿を設けて大神様たちの大御魂《みたま》をお迎えお祀りし、お鎮め申し上げます。今日の新しい日の朝日が豊かに輝いて昇りゆく時に、御饌《みけ》・神酒《みき》をお供えして拝む様子を御覧いただきたいと思います。これから先も、この家の永久《とわ》の守りの大神様として、長い年月ずっとお祀り申し上げることで、大神様たちの尊く大きな御威力を長く仰がせていただきます。手厚く、広大な御魂の御恩恵を永遠におかけくださり、嫌なことや悪いこともなく、これからも幸福にお守りいただきたいと恐れながら申し上げます。

2 新しい神棚を祀る

――この家の守りの大神様へ感謝の気持ちを大切に

この真新しき神床《かむとこ》に鎮《しず》まります、掛《か》けまくも畏《かしこ》き大神《おおかみ》たちの御前《みまえ》に恐《かしこ》み恐みも白《もう》さく。去《い》にし年に神棚の大宮を設《ま》けしより、はやはや○年《とせ》が経《た》ちて、このごろややに大宮の古《ふ》りて汚《よご》れや疵《きず》の目立つ頃とはなり、常《つね》も常も新たなる大宮に作り改めましと心掛けたるうちに、こたび（○○を記念して）新たにややに大きなる大宮を求め設《ま》け、大神たちの大御魂《おおみたま》を迎《え》へ奉《まつ》り、鎮《しず》め奉《まつ》らくと、今日《きょう》のこの新しき日の朝日の豊栄昇《とよさかのぼ》りに御饌《みけ》神酒《みき》供《そな》へ奉《まつ》りて拝《おろが》み奉《まつ》るさまを聞《きこ》し召《め》して、今《いま》ゆ行《ゆ》く先《さき》、神御魂《かみみたま》も新たに大きく神足《かみた》らひ満《い》ち足《た》らひ《い》まして、この家の永久《とわ》の守《まも》りの大神と千万《ちよろず》かけて斎《いわ》ひ奉《まつ》り鎮《しず》め奉《まつ》ることの由《よし》のまにまに大神たちの高き厳《いか》しき大御稜威《おおみいつ》を常磐堅磐《ときわかきわ》に仰《あお》がしめ給ひ《い》、厚き広き恩頼《みたまのふゆ》をいや遠永《とおなが》に蒙《かがふ》らしめ給《たま》ひ《い》、喪《も》なくことなく幸《さき》く真幸《まさき》く守《まも》り給へ《え》と恐《かしこ》み恐みも白《もう》す。

【祝詞の解説】

お祀りしてきた神棚が経年で汚れた時、また、事業の発展とともにもう少し立派な神棚にしたい時など、古い神棚と交換する際の祝詞です。神棚が新しくなれば神様の御威力も新しくなり、さらに御加護が増すことになります。

【祝詞の訳文】

この真新しい神棚にお鎮まりになる、言葉に出して申し上げるのも畏れ多い大神様たちの御前に謹《つつし》んで申し上げます。

過去に神棚の神殿を新しくしてから早くも〇年が経過し、次第に神殿が古くなり、汚れや疵が目につくようになりました。いつも新しい神殿に改めたいと気にしておりましたが、今度、（〇〇を記念して）新たに少し大きめな神殿を求めることができたので、大神様たちの大御魂をお迎えし、お鎮め申し上げます。今日の新しき日の朝日が豊かに輝いて昇りゆく時に、御饌・神酒をお供えして拝む様子を御覧いただけたでしょうか。これから先、神御魂も新たに大きく満ち足りまして、この家の永久の守りの大神様として、長い年月ずっとお祀り申し上げます。大神様たちの尊く大きな御威力を長く仰ぎ、手厚く広大な御魂の御恩恵を永遠におかけくださり、嫌なことなく悪いこともなく幸福にお守りいただきたいと、恐れながら申し上げます。

3 毎《まい》朝《ちょう》拝《はい》詞《し》

――家庭で日々の平安を祈って毎朝となえる祝詞の基本形です

（これの神床《かむとこ》に鎮《しず》まります）

掛《か》けまくも畏《かしこ》き大神《おおかみ》たちの御前《みまえ》に恐《かしこ》み恐みも白《もう》さく。

大神《おおかみ》たちの高き尊《とうと》き大御稜威《おおみいつ》を仰《あお》ぎ奉《まつ》り、称《たた》へ奉《まつ》り、厚き広き恩頼《みたまのふゆ》を 忝《かたじけな》み、謝《いや》び奉《まつ》りて、今日《きょう》の朝日の豊栄昇《とよさかのぼ》りに（御饌神酒《みけみき》供《そな》へ奉《まつ》り）拝《おろが》み奉《まつ》るさまを（平《たい》らけく安《やす》らけく）きこしめして、これの一日《ひとひ》も大神たちの恩頼《みたまのふゆ》を蒙《かがふ》りて、（天皇《すめらみこと》の大御代《おおみよ》をはじめ）（家族《うから》親族《やから》に至《いた》るまで）（故郷《ふるさと》に住める父母も）（都《みやこ》に一人住《ずまぃ》ひする愛《は》しきわが子も）喪《も》なくことなく、（穏《おだぃ》ひに心安《うらやす》く）（幸《さき》く真幸《まさき》く）守《まも》り恵み導き（あらしめ）給《たまえ》へと恐《かしこ》み恐みも白《もう》す。

【祝詞の解説】

朝拝詞（日供《にっく》）は毎朝神前に申し上げ、その日の平安を祈る祝詞です。家庭祭祀では、**この祝詞が基本の形となります。**短い形ですから、毎日奏上していれば自然と覚えることができ、これに語句を補えば、さらに荘厳な祝詞になります。朝拝は毎朝のお供え（米・塩・水）とともに行うので「日供祭」などとも呼ばれます。清々しい気持ちで神様と御一緒に毎日を始めましょう。

神前で手を打つことを「柏手」と言います。『魏志倭人伝《ぎしわじんでん》』に、「道で貴人と出会った場合に道を譲り土下座して手を打った」とあり、古くからの作法でした。神前での拝礼は「二礼・二拍手・一礼」が一般的ですが、出雲《いずも》では四回、また、伊勢の神宮では八度拝なども行われています。また、教派神道でもそれぞれで柏手の回数が異なります。神葬祭《しんそうさい》などでは「偲《しの》び手」と言い、音を立てずに拝礼をします。

【祝詞の訳文】

（この神棚にお鎮まりになる）言葉に掛けて申し上げるのも恐れ多い、大神様の御前に謹《つつし》んで申し上げます。大神様たちの崇高ですばらしい御威力を仰ぎ、広大な御霊力のおかげを感謝申し上げ、今日の朝日が豊かに輝いて昇るこの時に、（お召しあがりになる物やお酒をお供えし）拝む様子を（御心穏やかに）お聞き届けいただきたいのです。今日一日も大神様たちの御霊力のおかげで（天皇陛下の令和の世の中を始め）（私の家族親族に至るまで）（故郷に住む父母も）（都会に一人暮らしする愛《いと》しいわが子も）不吉な災いや特に変わったこともなく（平和で心配事もなく）（ほんとうに幸せに）お守り、お恵み、お導き（過ごさせ）くださいますよう畏《かしこ》んで申し上げます。

4 毎《まい》夕《ゆう》拝《はい》詞《し》

——今日一日を無事に過ごさせていただいた感謝の意をお伝えします

(これの神床《かむとこ》に鎮《しず》まります)掛《か》けまくも畏《かしこ》き大神《おおかみ》たちの御前《みまえ》に恐《かしこ》み恐みも白《もう》さく。

今日《きょう》の一日《ひとひ》も大神《おおかみ》たちの高き尊き大御稜威《おおみいつ》、厚き広き恩頼《みたまのふゆ》を蒙《かがふ》り奉《まつ》りて、(天皇《すめらみこと》の大御《おおみ》代《よ》をはじめ)(家族親族《うからやから》に至るまで)(故郷《ふるさと》に住める父母も)(都《みやこ》に一人住《い》ひする愛《は》しきわが子も)喪《も》なくことなく、(穏《おだい》ひに心安《うらやす》く)あり経《へ》しことを嬉《うれ》しみ奉《まつ》り、忝《かたじけな》み奉《まつ》りて、かく拝《おろが》み奉《まつ》るさまを(平《たい》らけく安《やす》らけく)きこしめして、また立ち返る新たなる日も守《まも》り幸へ《え》あらしめ給《たまえ》へと恐《かしこ》み恐みも白《もう》す。

【祝詞の解説】

夕拝詞は夕方、または夕食後や就寝前に神前に申し上げる祝詞で、今日一日を何事もなく無事に生活できたことを感謝し、明日もまたお守りくださいと祈ります。一日を神様の御加護のもとに暮らせた場合もあれば、失敗や反省すべきこともありましょう。いずれにせよ明日に向けて気持ちを切り替えて、さらなる御加護をお祈りしましょう。

神棚にお参りする前に、火打石で火を燧《き》りだして清めることがあります。左手に燧《ひうち》石《いし》を持ち、右手に鉄板の小さいものを持ち、これを打ち合わせて火をだします。昔の映画などで、主人が外出する時にお上《かみ》さんが玄関で勢いよくカンカンと火を打ち出すシーンを見かけたことはありませんか。明るいところでは目立ちませんが、暗い部屋でやると綺麗な火花が飛び散ります。火の力をもって清めをするのです。

【祝詞の訳文】

（この神棚にお鎮まりになる）言葉に掛けて申し上げるのも恐れ多い、大神様の御前に謹《つつし》んで申し上げます。今日一日も、大神様たちの崇高ですばらしい御威力を仰ぎ、広大な御霊力のおかげをいただいております。（天皇陛下の令和の世の中を始め）（私の家族親族に至るまで）（故郷に住む父母も）（都会に一人暮らしする愛《いと》しいわが子も）不吉な災いや特に変わったこともなく、（平和で心配事もなく）生きられることを嬉しく思い感謝申し上げます。このように拝む様を（穏やかに安らかに）お聞き届けください。また、明日からの新しい一日もお守りいただき、幸せに暮らすことができますように畏《かしこ》んで申し上げます。

5 月《つき》次《なみ》祭《さい》

——月の初め、新しい力を身につけたい時に祈ります

（これの神床《かむとこ》に鎮《しず》まります）掛《か》けまくも畏《かしこ》き大神《おおかみ》たちの御前《みまえ》に恐《かしこ》み恐みも白《もう》さく。

常《つね》も常も大神等《たち》の高き厳《いか》しき大御稜威《おおみいつ》を仰《あお》ぎ奉《まつ》り称《たた》へ《え》奉《まつ》りて、厚き広き恩頼《みたまのふゆ》を畏《かしこ》み忝《かたじけな》み奉《まつ》りて、月ごとの月次《つきなみ》の、み祭仕《まつりつか》へ《え》奉《まつ》ると、大前に御饌神酒《みけみき》供《そな》へ《え》奉《まつ》りて拝《おろが》み奉《まつ》るさまを聞《きこ》し召《め》して、天皇《すめらみこと》の大御代《おおみよ》を安御代《やすみよ》の足御代《たるみよ》と常磐《ときわ》に堅磐《かきわ》に斎《いわ》ひ《い》奉《まつ》り幸《さきわ》ひ《い》奉《まつ》り給《たま》ひ《い》、神の道を誠の道と戴《いただ》き睦《むつ》み、これの家内《やぬち》にも喪《も》なくことなく、この一月《ひとつき》も大神等《たち》の幸魂《さきみたま》奇魂《くしみたま》、相《あい》うづ《ず》なひ《い》相扶《たす》け給ひ《い》て、家族親族《うからやから》の上を守《まも》り恵み導き給へ《え》と恐《かしこ》み恐みも白《もう》す。

【祝詞の解説】

月初めは物事の開始や気持ちの切り替えなど、新しい力を身につけたいものです。月の初めに神様に祝詞を上げ、ひと月の日々の暮らしの平穏をていねいに御祈願し、そのあと**氏神神社へお参りにいきましょう。**

神社で毎月一回行う祭儀を「月次祭」と言い、普通は毎月一日《ついたち》の日に行いますが、何かしらゆかりのある日に行う神社もあります。靖國神社（東京都千代田区）は毎月一日・十一日・二十一日が月次祭です。伊勢の神宮は毎月ではなく年に二度、六月、十二月の十七日を月次祭と称して行っており、その謂《いわ》れもあります。宮中祭祀では、毎月一日・十一日・二十一日を「旬祭」と称し、特に一日には天皇陛下の御拝礼があります。

【祝詞の訳文】

（この神棚にお鎮まりになる）言葉に掛けて申し上げるのも恐れ多い、大神様たちの御前に謹《つつし》んで申し上げます。いつもいつも大神様たちの崇高で荘厳な御威力を仰ぎ、広大な御霊力のおかげをいただいておりますことを感謝申し上げます。毎月の始まりのお祭りを御奉仕するため、大前に御饌・神酒のお供えものをし、拝み申すことをお聞き届けください。天皇陛下の令和の世を安心して不自由なく生活できる場として長くお守りいただきたく願い、さらに神の道はほんとうに人間が実践すべき道だと思っております。私の家族・親族に至るまで、不吉な災いや嫌なことなく仲良く過ごせ、このひと月も大神様たちの幸魂・奇魂が私たちのことをお助けくださっています。家族・親族の上をお守りお恵みいただき、良いほうへお導きくださいますよう畏《かしこ》んで申し上げます。

6

月《つき》晩《くれ》祭《さい》

――一ヶ月間、御加護をいただいたことを感謝し御礼を述べます

（これの神床《かむとこ》に鎮《しず》まります）掛《か》けまくも畏《かしこ》き大神《おおかみ》たちの御前《みまえ》に恐《かしこ》み恐みも白《もう》さく。

常《つね》も常も大神等《たち》の高き厳《いか》しき大御稜威《おおみいつ》を仰《あお》ぎ奉《まつ》り称《たた》へ奉《まつ》りて、厚き広き恩頼《みたまのふゆ》を畏《かしこ》み忝《かたじけな》み奉《まつ》りて、これの月の初めに月次《つきなみ》の、み祭仕《まつりつか》へ奉《まつ》りて乞《こ》ひ祈《の》み奉《まつ》りし験《しるし》も顕《あらわ》れて、この一月《ひとつき》も恩頼《みたまのふゆ》を蒙《かがふ》りて、喪《も》なくことなくありえしことを歓《よろこ》び奉《まつ》り嬉《うれ》しみ奉《まつ》り、返り吉詞《よごと》を告《つ》げ奉《まつ》りて拝《おろが》み奉《まつ》るさまを聞《きこ》し召《め》して、また明日《あす》より立ち返る新たなる月も守《まも》り恵み導き給《たまえ》へと恐《かしこ》み恐みも白《もう》す。

【祝詞の解説】

月の終わりの夕暮れに、神様の御加護を感謝して祝詞をあげます。人間の生活は思うようにならない場合もありますが、すべて神様はお見通しです。感謝や反省の心は、また新たなものを生み出します。このひと月を省みて、また翌月をどう乗り切るのか、神様にお願いをするのです。

カレンダーが普及したので、今日がいつであるかは明確ですが、大昔は月の満《み》ち虧《か》けを読むことによって、今日がいつであるかを知りました。太陽暦の導入は明治六年からで、百五十年ほど前のことです。それまでの日本人の生活は太陰暦《たいいんれき》で、月の満ち虧けを知ることが重要でした。ことに農事暦には欠かせないものでした。神話で天照大御神《あまてらすおおみかみ》の次に、月の神格化された月読命《つくよみのみこと》が生まれるのもこのためです。

【祝詞の訳文】

（この神棚にお鎮まりになる）言葉に掛けて申し上げるのも恐れ多い、大神様たちの御前に謹《つつし》んで申し上げます。いつも大神様たちの崇高で荘厳な御力を仰ぎ、広大な御霊力のおかげをありがたく感謝申し上げます。この月の初めに、月次のお祭を仕えてお祈り申し上げたところ、御加護のしるしもあって、このひと月も御魂のお力で、不吉な災いや嫌なこともありませんでした。心より歓び嬉しく、感謝の言葉を申し上げます。このお願いをお聞き届けいただき、また、明日から始まる新たな月もお守りいただき、良いほうへお導きいただきたく、畏《かしこ》んで申し上げます。

7 新年歳旦祭《しんねんさいたんさい》 ——元旦の朝食前に今年の抱負や気持ちをお伝えします

（これの神床《かむとこ》に鎮《しず》まります）掛《か》けまくも畏《かしこ》き大神《おおかみ》たちの御前《みまえ》に恐《かしこ》み恐みも白《もう》さく。

令和〇年《とせ》と年《とし》の改まれる、新しき年の新しき月の新しき日の今日《きょう》の朝日の豊栄昇《とよさかのぼ》りに、あらたまの年の初めの祝《い》ひの神事《かんわざ》を仕《つか》へ奉《まつ》るとして、大前に豊御饌《とよみけ》豊神酒《とよみき》をはじめ種々《くさぐさ》の棚津物《たなつもの》を供《そな》へ奉《まつ》り、拝《おろが》み奉《まつ》るさまを聞《きこ》し召《め》して、これの一年《ひととせ》も天皇《すめらみこと》の大御代《おおみよ》を斎《いわ》ひ奉《まつ》り幸《さきわ》ひ奉《まつ》り給《たま》ひ《い》、これの家内《やぬち》には喪《も》なく異《こと》なく恙《つつ》むこともあらしめず、家族《うから》親族《やから》に恩頼《みたまのふゆ》を蒙《かがふ》らせ給ひ《い》、差し昇る初日《はつひ》の光の如くに立ち栄えしめ給へ《え》と恐《かしこ》み恐みも白《もう》す。

【祝詞の解説】

新しい年の始まりに誰もが氏神神社などへ初詣でに行きますが、家庭においては朝食前に新年の祝詞をあげてお祝いをします。今年の予定や抱負などをお知らせして、この一年の御加護を祈ります。清々《すがすが》しい気分で新年を迎えることができるでしょう。

新年の初めに、氏神様や崇敬する神社に参拝することを初詣でと称しています。現在では元日の朝から一日中を言いますが、本来は大晦日《おおみそか》の晩から翌日にかけて神社の境内で年越しすることを言っていました。満年齢ではなく数え年の場合は、新年は国民みな一つ年を取りますので、この晩を「年越し」と言い、蕎麦切《そばきり》が普及してから年越しそばを食べる風習が始まりました。

【祝詞の訳文】

（この神棚にお鎮まりになる）言葉に掛けて申し上げるのも恐れ多い、大神様の御前に謹《つつし》んで申し上げます。

令和〇年と年が改まった新しい年、新しい月、新しい日の朝日が豊かに輝いて昇るとき、新年初めのお祝いの神事をお仕えいたします。大前にはたくさんの御饌や神酒を始め、さまざまなお供え物をしてお願い申し上げることをお聞き届けいただき、この一年も皇室の御安泰をお守りください。また、この家には嫌なことや常と異なること、病気やけがもなく、家族・親族みなに神々様の恩恵を蒙らせていただいております。差し昇る初日の光のように次第に輝き、立ち栄えさせてくださいとかしこまって申し上げます。

8 節分

――撒く豆を神棚に供えてから奏上し、豆撒き・節分を始めましょう

掛《か》けまくも畏《かしこ》き大神《おおかみ》たちの御前《みまえ》に恐《かしこ》み恐みも白《もう》さく。

（これの神床《かむとこ》に鎮《しず》まります）

如月《きさらぎ》の三日《みか》はも冬と春との行き通ふ境《う》の日にて、古《いにしえ》へより厄《やく》を落とし、福を招くとて節分と唱《とな》へ来《え》たるにより、福豆を福桝《ふくます》に、弥益々《いやますます》に盛り入れて、大前に供《そな》へ奉《まつ》りて、拝《おろが》み奉《まつ》るを聞《きこ》し召《め》して、この夕べに鬼は外 福は内 との声も高らにとよもし、戸《こ》ごとに打ち撒《ま》く福豆に、この家内《やぬち》は更なり、この村里《むらさと》の果てまでも諸々《もろもろ》の禍事《まがごと》を打ち砕き祓《はら》ひ退《の》けては福を招《お》ぎ寄せて、梓弓《あずさゆみ》春立つ朝《あした》に差し昇る日の光の如く光輝き、弥益々《いやますます》に立ち栄えしめ給《たま》へ《え》と、恐《かしこ》み恐みも（乞《こ》ひ《い》のみ奉《まつ》らくと）白《もう》す。

【祝詞の解説】

二月四日ごろの「立春《りっしゅん》」の前日を「節分」と称し、豆を撒き、焼鰯《やきいわし》の頭を付けた柊《ひいらぎ》（古くから魔除《まよ》けに使われてきた日本原産の常緑樹）を戸に刺して邪気《じゃき》（悪い気のこと）を払うことが行われています。まだ、寒の残りがありますが、日の光がどことなく春めいた気がします。旧暦では立春が元日と重なることがあり、春の到来が実感されたことでしょう。枡に豆を入れて神棚に供え、この祝詞を上げてから撒《ま》けば、さらに福を招くことになります。

【祝詞の訳文】

（この神棚にお鎮まりになる）言葉に掛けて申し上げるのも恐れ多い、大神様たちの御前に、恐れ謹《つつし》んで申し上げます。

二月三日は、冬と春との行き合う境の日、節分です。昔から厄落とし、招福をし、福豆を福枡に山盛りに盛って神棚にお供えし、お願い申し上げることをお聞き届けください。この夕方に「鬼は外、福は内」と大声を出し、家ごとに力をこめて撒く福豆によって、この家の者は言うまでもなく、この地域の果てまでも諸々の嫌な出来事を粉々に砕いて打ち捨てます。代わりに福をお招き寄せくださり、明日の立春の朝に昇る朝日のように輝き、さらに立ち栄えさせてくださいと、かしこまって（お願い）申し上げます。

9 初《はつ》午《うま》
——邸内（神棚）のお稲荷さんのお祭りで家内安全・商売繁盛を祈願

この家のこの所《ところ》に石上古《いそのかみふる》き昔より家の守《まも》りの大神《おおかみ》と鎮《しず》まります、掛《か》けまくも畏《かしこ》き稲荷《いなり》の大神の御前《みまえ》に恐《かしこ》み恐みも白《もう》さく〔神棚の場合＝（これの神床《かむとこ》に鎮《しず》まります）掛《か》けまくも畏《かしこ》き大神《おおかみ》たちの御前《みまえ》に恐《かしこ》み恐みも白《もう》さく〕。

常《つね》の例《ため》しのまにまに如月《きさらぎ》の今日《きょう》の生日《いくひ》の足日《たるひ》は初午《はつうま》（二午《にのうま》・三午《さんのうま》）とて、山城《やましろ》の稲荷の大神のゆかりある日にあれば、一年《ひととせ》に一度《ひとたび》の神事仕《かんわざつか》へ《え》奉《まつ》るとして、大前に御饌神酒《みけみき》に油揚《あぶらげ》 赤飯をも供《そな》へ《え》奉《まつ》り祝《いわ》ひ《い》寿《ことほ》ぎ祈《ね》ぎ奉《まつ》る状《さま》を聞《きこ》し召《め》して、大神たちの大御稜威《おおみいつ》もて家内《やぬち》穏《おだ》ひ《い》に商売《なりわい》豊《ゆた》けく弥向《いやむ》く栄えに立ち栄えしめ給《たま》ひ《い》、家族諸人《うからもろびと》に恩頼《みたまのふゆ》を弥遠永《いやとおなが》に蒙《かがふ》らしめ給ひ《い》、喪《も》なくことなく守らせ給へ《え》と、恐《かしこ》み恐みも（乞《こ》ひ《い》のみ奉《まつ》らくと）白《もう》す。

【祝詞の解説】

商売繁盛の神様とされるお稲荷さんの祠《ほこら》を敷地内に建て、家の守り神としてお祀りしている家庭があります。初午は、京都の伏見稲荷（京都市伏見区）が鎮座されたお稲荷さんゆかりの日ですので、この日に初午のお祝いのお祭りをします。本来、**神職を招いて神事を執り行います**が、難しい場合にはお供えものをして、この祝詞をあげ、ていねいに拝みます。邸内社《ていないしゃ》としてお稲荷さんをお祀りしていない場合も、初午を祝い神棚にお供えものをして、この祝詞をあげて家内安全・商売繁盛を祈ります。その場合は、祝詞の冒頭を〔　〕のように神棚用に差し替えます。また、地域や都合により二午などに行うこともあります。

【祝詞の訳文】

この家のこの場所に、昔から家の守り神として鎮座される、言葉に掛けて申すのも畏れ多い稲荷大神の御前に謹《つつし》んで申し上げます〔神棚の場合＝（この神棚にお鎮まりになる）言葉に掛けて申し上げるのも恐れ多い、大神様たちの御前に謹んで申し上げます〕。

いつもの通りに、二月の今日のすばらしい日は初午（二午・三午）といって、京都の伏見稲荷が御鎮座になったお稲荷さんゆかりの大切な日です。一年に一度のお祭りをお仕え申すため、神様の御前に御饌・神酒、油揚や赤飯を供えてお祝いし、お祈り申し上げることをお聞き届けください。大神様たちの大きなお力で家内は安全、商売は繁盛し、さらに良いほうに栄えさせていただき、家族すべてに御神威を永遠におかけください、嫌なことや変わったこともなくお守りくださいと、かしこまって（お願い）申し上げます。

10 天長祭《てんちょうさい》

——天皇陛下のお誕生日をお祝いし、ご長寿をお祈りいたします

（これの神床《かむとこ》に鎮《しず》まります）掛《か》けまくも畏《かしこ》き大神《おおかみ》たちの御前《みまえ》に恐《かしこ》み恐みも白《もう》さく。八十日《やそか》はあれども今日《きょう》の生日《いくひ》の足日《たるひ》はしも、高天原《たかまのはら》に神《かむ》づまります神漏岐《かむろぎ》神漏美命《かむろみのみこと》以《も》ちて万千秋《よろずちあき》の長秋《ながあき》に伝へ《え》来ませる大御位《おおみくらい》のまにまに、明津御神《あきつみかみ》と天下治《あめのしたしろし》めします天皇《すめらみこと》の生《あ》れませるいとも畏《かしこ》き尊《とうと》き日にしあれば、日《ひ》の御旗門《みはたかど》ごとに掲げ、君が代の御歌《みうた》歌ひ《い》奉《まつ》りて、国民《おおみたから》こぞりて祝《いわ》ひ《い》奉《まつ》り寿《ことほ》ぎ奉《まつ》るとして、拝《おろが》み奉《まつ》る状《さま》を聞《きこ》し召《め》して、天皇《すめらみこと》の大御位《おおみくらい》は天地《あめつち》と共に長く月日と共に久しく、天足《あまた》らは《わ》し国足《くにた》らは《わ》し給《たま》ひ《い》、国民《おおみたから》と共に大坐《おおま》しまさむ《ん》との大御心《おおみこころ》を、忝《かたじけな》み奉《まつ》り戴《いただ》き奉《まつ》り、大御位《おおみくらい》の大御栄《おおみさかえ》を弥《いや》遠永《とおなが》に守《まも》り幸ひ《い》給へ《え》と恐《かしこ》み恐みも称へ《たたえ》ごと仕へ《つかえ》まつらくと白《もう》す。

【祝詞の解説】

二月二十三日は天皇陛下のお誕生日にあたり、各家庭では門《かど》ごとに国旗を掲げてお祝いをします。神棚には、百二十六代に及ぶ皇位という尊貴なものへの思いを始め、国民に寄り添い、苦楽をともにされるという陛下の思し召しへの感謝を申し上げ、陛下の御長寿・御健康と皇室の御安泰、弥栄《いやさか》を祈ります。

【祝詞の訳文】

（この神棚にお鎮まりになる）言葉に掛けて申し上げるのも恐れ多い、大神様たちの御前に謹《つつし》んで申し上げます。一年三百六十五日の中で、今日のこのすばらしい日は、国の始まりの高天原《たかまがはら》において伊耶那岐《いざなぎ》、伊耶那美《いざなみ》の神がお定めになられ、万世一系《ばんせいいっけい》かわることなく今に至っております、天皇の皇位そのままに、神様そのものの御資質で世の中をお治めになる天皇陛下がお生まれになった、とてもありがたい日です。それゆえ、日の丸の国旗を戸ごとに掲げ、君が代の国歌を歌って国民皆が心からお祝い寿《ことほ》ぎ申しますことを、お聞き届けいただき、天皇陛下の御在位が天地のようにどこまでも続き、月日のように終わりなく永遠に続くようお守りください。そして、国民と一緒に苦楽をともにされるという陛下の思し召しに感謝申し上げ、皇位の永続と皇室の御繁栄を永遠にお守りくださいと、かしこまってお祝いの祝詞を申し上げます。

11 雛《ひな》祭《まつり》

——清楚でやさしく温かな女性に成長するようお願いします

（これの神床《かむとこ》に鎮《しず》まります）掛《か》けまくも畏《かしこ》き大神《おおかみ》たちの御前《みまえ》に恐《かしこ》み恐みも白《もう》さく。春の弥生《やよい》の三日《みか》はも、緋《ひ》の毛氈《もうせん》に繧繝縁《うんげんべり》の畳敷き、男雛女雛《おびなめびな》に桃の花を据《す》ゑ《え》、菱餅《ひしもち》に白酒《しろざけ》・雛霰《ひなあられ》を供《そな》へ《え》雪洞《ぼんぼり》に明かり灯《とも》して、雛祭るめでたき節日《ふしび》にあれば、ちらしの寿司に蛤汁《はまぐりじる》添へ《え》、家族《うから》集《つど》ひ《い》て寿《ことほ》ぎ祝ひ《い》奉《まつ》ると拝《おろが》み奉《まつ》るを聞《きこ》し召《め》して、幼き女子《おみなご》は申すも更なり、ねびまさりたる大人《おとな》に至るまで、女子《おみな》たちの上をも撫で給《たま》ひ《い》恵み給ひ《い》て、日《ひの》本《もと》の大和《やまと》の国の手弱女《たわやめ》の、大和撫子《やまとなでしこ》を花咲く春の華やぎのごとく、清らに美《うるわ》しく生《お》い育たしめ給へ《え》と、恐《かしこ》み恐みも（乞《こ》ひ《い》のみ奉《まつ》らくと）白《もう》す。

【祝詞の解説】

三月三日の雛祭は、女子のお祝いの節句として国民的行事に定着しています。本来は、人間の形をした人形《ひとがた》（形代《かたしろ》）に罪や穢れを移してお祓いをしましたが、この人形が豪華になり、宮中の雅びを慕う心から親王雛・親王妃雛になりました。かつては豪華な雛段《ひなだん》飾りでしたが、昨今はずいぶん簡素化しています。それでも、雛飾りは家の中に春が来た、華やいだ感覚になります。神様もお喜びになられて、この日は女子の成長を祈られます。

【祝詞の訳文】

（この神棚にお鎮まりになる）言葉に掛けて申し上げるのも恐れ多い、大神様たちの御前に謹《つつし》んで申し上げます。春の弥生三日は、緋の毛氈に繧繝縁の畳を敷いて、男雛女雛に桃の花を置き、その前に菱餅と白酒、雛霰も供え、雪洞に明かりをつけてお雛様をお祭りする、すばらしいお節句の日です。ちらしの寿司に蛤の吸い物をつけ、家族みんなが集まりお祝いをして、お祈りすることをお聞き届けください。幼い女子は言うまでもなく、成長した大人に至るまで、女子という女子、みんなの身の上をお撫でになられてお恵みください。そして、やさしく、しとやかな日本の女の子を花咲く春の華やぎのように、清楚で綺麗に成長させてくださいと、かしこまって（お願い）申し上げます。

12

端午《たんご》の節句《せっく》

――勇猛、かつ雅《みやび》もわかる男子に成長するようお願いします

（これの神床《かむとこ》に鎮《しず》まります）掛《か》けまくも畏《かしこ》き大神《おおかみ》たちの御前《みまえ》に恐《かしこ》み恐みも白《もう》さく。紫に咲き匂ふ菖蒲《うしょうぶ》をも、猛《たけ》きを尚《とうと》ぶ尚武《しょうぶ》に通は《わ》せ、勝ち負けの勝負をも掛詞《かけことば》とし、あやめ草とも唱《とな》へ《え》て、軒に葺《ふ》き、風呂に整へ《え》、また厳《いか》しき兜《かぶと》に弓太刀《ゆみたち》を添へ《え》、種々《くさぐさ》の幟《のぼりはた》旗立て飾り、五月《さつき》の風に鯉幟《こいのぼり》の泳ぐこの五月《さつき》の五日の節日《ふしび》を、寿《ことほ》ぎ祝ひ奉《いまつ》ると、大前に柏餅や粽《ちまき》を供《そな》へ《え》奉《まつ》りて、拝《おろが》み奉《まつ》るを聞《きこ》し召《め》して、幼き男子《おのこご》は申すも更《さら》なり、ねびまさりたる大人の男たちに至るまで、日本《ひのもと》の大和《やまと》の国の益荒猛男《ますらたけお》の、はた風流士《みやびお》と雄々《おお》しく猛《たけ》く生《お》い育たしめ給《たま》へ《え》と、恐《かしこ》み恐みも（乞《こ》ひ《い》のみ奉《まつ》らくと）白《もう》す。

【祝詞の解説】

古代の日本人は菖蒲を「あやめ草」と呼んでいました。不思議なことを古語では「あやし」と言い、菖蒲の剣に似た形状や特殊な匂いが邪気を払うものとされ、今日に至るまで軒に葺いたり風呂に入れたりしています。また、菖蒲は武を尚ぶ「尚武」、勝ち負けの「勝負」にも通じることから、男子の成長を祈る節句となりました。現代では子供の日となり、男女ともにお祝いをします。この祝詞は、柏餅を御神前にお供えして男子の成長を祈ります。

【祝詞の訳文】

（この神棚にお鎮まりになる）言葉に掛けて申し上げるのも恐れ多い、大神様たちの御前に謹《つつし》んで申し上げます。目にも鮮やかに紫色に咲き誇る菖蒲を、猛きことを尚ぶ「尚武」に通じ、「しょうぶ」に「勝負」を掛け、また、不思議な威力のある「あやめ」草とも言います。軒に葺いたり、風呂に入れたりして邪気を払い、また、威厳のある兜飾りに弓や太刀を添え、種々の幟旗を立てて飾り、五月風に鯉幟の泳ぐこの五月五日の節句の日を、お祝いをしようと柏餅や粽をお供えして、拝むことをお聞き届けください。そして幼い男子は言うまでもなく、成人した男に至るまで、勇猛で、一方では風流な雅びのわかる男に雄々しく猛く成長させてくださいと、かしこまって（お願い）申し上げます。

13 七夕《たなばた》 ──星に、家族一同がそれぞれの願いをかけてお祈りします

（これの神床《かむとこ》に鎮《しず》まります）掛《か》けまくも畏《かしこ》き大神《おおかみ》たちの御前《みまえ》に恐《かしこ》み恐みも白《もう》さく。軒端《のきば》吹く風に笹の葉のさらさらと音立て、各《おの》も各ものの願ひ《い》の短冊《たんざく》の色取り取りに飾れるこれの宵《ゆう》べは、一年《ひととせ》に一《ひと》たびの天《あま》の河原《かわら》の鵲《かささぎ》の渡せる橋に天津彦星《あまつひこぼし》と天津織姫《あまつおりひめ》の、出会《いであ》ひ《い》ては、諸々《もろもろ》の願ひ《い》を叶へ《かなえ》給へる《たまえ》てふ《ちょう》ゆかりの日にあれば、久方《ひさかた》の大空仰《あお》ぎ、我が思ひ《い》叶へ《え》給へ《え》と拝《おろが》み奉《まつ》る状《さま》を聞《きこ》し召《め》して、また幼な子が幼な心に短冊に、各《おの》も各もに書ける願ひ《い》を、天津彦星 天津織姫の聞《きこ》し食《め》すべく取次《とりつ》ぎ給へ《え》と、恐《かしこ》み恐みも（乞ひ《こい》のみ奉《まつ》らくと）白《もう》す。

【祝詞の解説】

七夕は本来、旧暦の七月七日に行う行事で、今の八月上旬にあたります。その頃は天気も安定し、夜空に天《あま》の川《がわ》や多くの星が見えますが、現在の暦では梅雨《つゆ》の最中《さなか》で晴天はなかなか望めず、夜空も澄んでいません。牽《けん》牛《ぎゅう》と織女《しょくじょ》の出会いの説話が有名ですから、それを基《もと》に神棚の神様にお取り次ぎいただく内容にしました。

古代に中国大陸からの風習が伝わり、日本的になった五つの節句があります。古代の大陸では奇数がめでたい陽数とされ、それが重なる日を重視したのです。平安時代以降、一月七日人日《じんじつ》、三月三日上巳《じょうし》、五月五日端午《たんご》、七月七日七夕、九月九日重陽《ちょうよう》の、いずれも太陰暦の日が五節句とされましたが、時代と共に変化して、今日では三、五、七の雛祭り、端午、七夕が行われています。一月七日は七草《ななくさ》の節句として残りましたが、九月九日の重陽（菊の節句）は早くに絶えました。太陽暦の九月九日には、まだ菊は咲きません。

【祝詞の訳文】

（この神棚にお鎮まりになる）言葉に掛けて申し上げるのも恐れ多い、大神様たちの御前に謹《つつし》んで申し上げます。軒端に吹く風に笹の葉がさらさらと音を立て、各自の願いごとを書いた色取り取りの短冊を飾るこの夕べは、一年に一度だけ天の川に鵲が渡す橋ができ、彦星と織姫が出会って人々のさまざまな願いごとを叶えてくださるという伝説のある日です。大空を仰いで私の願いをぜひ叶えてくださいと申し上げますので、お聞き届けいただきたいのです。幼い子が幼い思いのままに、短冊に各自で書いたお願いごとを彦星と織姫がお聞き届けくださるようお取り次ぎいただきたく、かしこまって（お願い）申し上げます。

14 お月見　中秋の名月

——お月様を愛でる前にこの祝詞で祈りを捧げます

（これの神床《かむとこ》に鎮《しず》まります）掛《か》けまくも畏《かしこ》き大神《おおかみ》たちの御前《みまえ》に恐《かしこ》み恐みも白《もう》さく。

月々に月見る月の多き中《うち》に、この月の今日《きょう》の月こそいとめでたくあはれ《わ》なる月と、古《いにし》へ《え》より眺め愛《め》で称《たた》へ《え》きたれる望月《もちづき》にしもあれば、月見の団子《だんご》に穂薄《ほすすき》と名月にちなむ栗や芋やと時《とき》の果《かく》の木《こ》の実《み》を供《そな》へ《え》、拝《おろが》み奉《まつ》るを聞《きこ》し召《め》して、久方《ひさかた》の夜空を渡りゆく明《あか》き望月を秋の長夜《ながよ》に仰《あお》ぎ望みて、餅搗《もちつ》く兎の愛《あい》らしく、かぐやの姫の雅《みやび》やかに、欠《か》くることなき我が世を謳《うた》ひ《い》、千々《ちぢ》にものこそかなしと思ふ《う》心を偲《しの》び、古《いにしえ》へ今も月影《つきかげ》仰《あお》ぎて、変《か》は《わ》ることなく、忘るることなく守《まも》り幸《さきわ》ひ《い》給へ《え》と恐《かしこ》み恐みも（乞《こ》ひ《い》のみ奉《まつ》らくと）白《もう》す。

【祝詞の解説】

旧暦八月十五日の月を「中秋の名月」と言い、古くから月見をするすばらしい年中行事があります。現代でも、月見団子に穂薄を添えて月に供える風習があります。月面に人類が到達した現代ですが、日本人は、月で兎が餅を搗くことや、月世界へ帰るかぐや姫の話など、月には特別の感情を抱いてきました。欠けることのない満月を我が世と謳歌《おうか》した藤原道長《ふじわらのみちなが》や、月を見れば秋の風情《ふぜい》に心が乱れると嘆いた大江千里《おおえのちさと》などが思い浮かびます。この風情は大切にしていきたいものです。

【祝詞の訳文】

（この神棚にお鎮まりになる）言葉に掛けて申し上げるのも恐れ多い、大神様たちの御前に謹《つつし》んで申し上げます。月毎《つきごと》に満月の日がある中でも、この旧暦の八月の十五日の月はたいへんすばらしく、しみじみとした感情を抱かせる月だと、昔から眺め愛でては称えてきた望月です。月見団子に穂薄と、栗名月・芋名月といった名にちなむ栗や芋と季節の果物などを供えまして、お願いごとをお聞き届けいただきたいのです。夜の大空を渡る明るい望月を秋の長夜にふり仰ぎ、望み見ては、餅搗く兎の愛らしい姿や、かぐや姫の雅やかな話、欠けることのなき月のような我が世を謳歌した藤原道長、月に心が散り乱れると歌った大江千里などを偲び、昔も今も月影を仰ぎて月の輝きが変わらないように、日本人にとって月への思いが変わらず、忘れることがないようにお守りくださいとかしこまって（お願い）申し上げます。

15 地域の神社の例祭

——氏神様のお祭りが賑々しく笑顔のまま完結しますように

（これの神床《かむとこ》に鎮《しず》まります）掛《か》けまくも畏《かしこ》き大神《おおかみ》たちの御前《みまえ》に恐《かしこ》み恐みも白《もう》さく。

今日《きょう》のこの生日《いくひ》の足日《たるひ》は、わが住《す》める○○町の鎮《しず》めの神と崇《あが》めまつる○○神社の、一年《ひととせ》に一度《ひとたび》仕《つか》へ奉《まつ》る大祭《おおまつ》りの日にしあれば、町中《まちうち》には神輿《みこし》を担《かつ》ぎ山車《だし》を曳《ひ》き、祭り囃子《ばやし》も賑々《にぎにぎ》しく、軒提灯《のきちょうちん》に灯《ひ》をともし、御氏子《みうじこ》たちがゑ《え》らゑ《え》らと笑《え》みて寿《ことほ》ぎ祝《いわ》ひ奉《まつ》るとして大前に御饌《みけ》神酒《みき》供《そな》へ奉《まつ》りて拝《おろが》み奉《まつ》るさまを聞《きこ》し召《め》して、今も行く先もこの村《むら》里《さと》をはじめこの家《いえ》にも喪《も》なくことなく幸《さき》く真幸《まさき》く守《まも》り給《え》へと恐《かしこ》み恐みも白《もう》す。

【祝詞の解説】

家の神棚にお札をお祀りしている地域の氏神神社の例祭日には、まず、その神棚にお祝いの祝詞をあげ、さらなる御加護をお祈りします。そのあとで、お祭りにでかけます。

転居などで新しい町に移住して氏神神社がわからない場合は、土地の古老などに聞くのが一番です。または、全国の神社を主に統括する神社本庁の下に各都道府県の神社庁があり、そのホームページなどで検索ができる場合もあります。ただし、氏神神社がわかっても、神職が他の神社と兼務の神社では、宮司が不在のためお札をすぐに受けられない場合が多いので、その神社の総代に聞いてみるのがよいでしょう。

【祝詞の訳文】

（この神棚にお鎮まりになる）言葉に掛けて申し上げるのも恐れ多い、大神様たちの御前に謹《つつし》んで申し上げます。今日のこのすばらしい日は、私の住む町の氏神様と崇《あが》めまつる〇〇神社の、一年に一度お仕えするお祭りの日にあたります。町中には神輿を担ぎ山車を曳っぱり、祭りのお囃子も賑やかに、軒には提灯をともして、氏子たちが大笑いをして寿《ことほ》ぎお祝いいたします。大前には御饌・神酒のお供えものをして、お願いごとをお聞き届けいただき、これから先もこの町を始め、この家にも不吉な災いや嫌なこともなくお守りいただき、さらに幸福にお守りくださいと畏《かしこ》んで申し上げます。

16

平和祈願

――世界平和はもとより、私たちの平和な暮らしが永く続きますように

(これの神床《かむとこ》に鎮《しず》まります)掛《か》けまくも畏《かしこ》き大神《おおかみ》たちの御前《みまえ》に恐《かしこ》み恐みも白《もう》さく。常《つね》も常も平《たい》らかなる世を願《う》ふものの、いまだ西のほとりの戦《いくさ》はやまず、わが日本《ひのもと》の国の近きにおいても北や南、西の辺りのわが国土《くにつち》を掠《かす》め取り、または国民《おおみたから》を連れ行きてはいまだに長く留《とど》め、剰《あまつさ》へたびたび天翔《あまが》くるミサイルを打つなど怪《け》しき国のあるを、いかにせましいぶせきものと悩みて、国を与《あずか》る司人《つかさひと》また国の守《まも》りの防人《さきもり》らの努《つと》むるも、なほ速《おすみ》やかにことの整ふ兆《うきざ》しも見えず、ややに気の休まらぬ折も多ければ、大神たちの恩頼《みたまのふゆ》を蒙《かがふ》らまくと拝《おろが》み奉《まつ》るさまを聞《きこ》し召《め》して、大御稜威《おおみいつ》いやちこに輝きまして、仇《あだ》なす国をこと向け和《やわ》し給《たまい》ひて、この国、この里、この家《いえ》に至るまで、世の中安く平《たい》らけく守《まも》り幸《さきわい》ひ給へ《え》と恐《かしこ》み恐みも(乞《こい》ひのみ奉《まつ》らくと)白《もう》す。

【祝詞の解説】

世の中の平和は誰もが望むものですが、世界的に紛争は絶えません。平和でありたいとは全世界的な祈りであり、自分だけが平和であればよいものではありません。神棚に向かっての個人の祈りも、日毎《ひごと》の回数が重なれば大きな祈りになり、世界平和につながるのです。そのような思いでこの祝詞をあげてください。

【祝詞の訳文】

（この神棚にお鎮まりになる）言葉に掛けて申し上げるのも恐れ多い、大神様の御前に謹《つつし》んで申し上げます。いつもいつも平和な世の中を願っているものの、まだ欧州の戦争は終わらず、わが日本国に近いところでも北、南、西の地域のわが国土を掠奪《りゃくだつ》したり、または国民を拉致《らち》していまだ返さない、その上、何度も空飛ぶミサイルを打つなど、よからぬ国があるのをどうしたらよいものかと悩み心配しております。政治を与かる役人や自衛隊の隊員が努力をするものの、それでも速やかに片付く兆しもなく、なかなか気分が休まらないことが多いので、大神様たちの恩頼《おんらい》をいただきたいとのお願いをお聞き届けください。神様の大御稜威《おおみいつ》があきらかにお輝きになられ、仇《あだ》なす国を会話を通じて心を通じさせ、この国、この地域、この家に至るまで安心して平和に暮らせるようお守りくださり、幸福をお導きください。かしこまって（お願い）申し上げます。

17 国防意識高揚祈願
――平和な現代にあっても国を守る意識を高めましょう

（これの神床《かむとこ》に鎮《しず》まります）掛《か》けまくも畏《かしこ》き大神《おおかみ》たちの御前《みまえ》に恐《かしこ》み恐みも白《もう》さく。

日本《ひのもと》の大和《やまと》の国は細戈千足国《くわしほこちたるのくに》と古《いにしえ》へゆ言《い》ひ伝《え》へ来《こ》し勇ましき国なれど、先《さき》の戦《いくさ》ののちの安《やす》らけき世のならひ《い》に慣れ、島国《しまぐに》なれば国境《くにさかい》守る心の育ち難《かた》かりけるに、このごろになりて間近《まぢか》なる国々に戦《いくさ》のさまの兆《きざ》して、四方《よも》の海に荒波《あらなみ》高くなりゆくを見て、憂《う》き思ひ《い》の重なりぬ。かかれば国の防人《さきもり》備《え》へ厳《おごそ》かに、海のはたての北に南に朝夕《あしたゆうべ》に弛《たゆ》まず緩《ゆる》まず相努《つと》むるを、よくよく国民《くにたみ》に知らしめ悟らしめ給《たま》へ《え》と、いと懇《ねもご》ろに拝《おろが》み奉《まつ》るさまを聞《きこ》し召《め》して、平《たい》らけく安《やす》らけき世にも国の守《まも》りの心を堅く持たしめ、一たびことしあれば、火にも水にも入りなむ《ん》との大和魂《やまとだましい》堅く強く結ばしめ給ひ《い》、吹く神風《かみかぜ》に仇《あだ》なす国を恐れさせ給へ《え》と恐《かしこ》み恐みも（乞《こ》ひ《い》のみ奉《まつ》らくと）白《もう》す。

【祝詞の解説】

戦後、平和憲法のもとに平和な時代が続いてきましたが、この頃は近隣諸国に有事が想定されるようになってきました。島国であることも国防意識が育たなかった一因ですが、いつまでも平和ではないという危機感をもたねばなりません。このようなことを深刻に考えて祈りを捧げれば、何かしら神様の御加護があることでしょう。

【祝詞の訳文】

（この神棚にお鎮まりになる）言葉に掛けて申し上げるのも恐れ多い、大神様の御前に謹《つつし》んで申し上げます。

日本の国は「細戈千足国（武器が十分に装備されている国）」と昔から称されてきた勇壮な国ですが、先の戦争の後の平和な時代に慣れ、また、島国ですので国境を守る意識が育ちづらいのでしょう。この頃、近隣諸国に有事の兆候がはっきりし、周囲の海に非常時の荒波が高くなっているのを見て心配が重なっています。このような状況なので、自衛隊の国防準備は厳かに、海の果ての北に南に、また、朝夕も弛まず緩まず努力を続けていることを十分、国民に周知させてください。そして、懸命にお願いすることをお聞き届けいただき、平和な世の中でも国防意識をしっかりと持たせてください。一旦、危急あれば国のために火にも水にも入ろうとの大和魂を堅く強く結ばせていただき、神風が吹いて敵を恐れさせせくださいとかしこまって（お願い）申し上げます。

18 初物お供え奉告

——季節の初物、珍しいものはまず神様にお供えしてから

（これの神床《かむとこ》に鎮《しず》まります）掛《か》けまくも畏《かしこ》き大神《おおかみ》たちの御前《みまえ》に恐《かしこ》み恐みも白《もう》さく。四《よ》つの季《とき》の移《うつ》ろひ《い》ゆくまにまに成りいづ《ず》る初物《はつもの》を（折々の季《とき》のうつろひ《い》に人より賜《たまわ》れる品々《しなじな》また草枕旅《くさまくらたび》の土産《みやげ》などを）大前に供《そな》へ《え》奉《まつ》りて、神の御恵《みめぐ》みに謝《いや》び奉《まつ》り、相《あい》ともに称《たた》へ《え》奉《まつ》ることは、わが日本《ひのもと》の国の美《うるわ》しきならひ《い》にて、雅《みやび》の思ひ《い》につらなるものなり。今はも季《とき》の○から○へ移り行くにあたり、初物の○○のいできたる（の届きたる・を賜りたる）により、今し大前に供《そな》へ《え》奉《まつ》りて拝《おろが》み奉《まつ》るさまを聞《きこ》し召《め》して、大神等《たち》の御魂《みたま》もこの棚《たな》つ物《もの》を愛《め》で給《たま》ひ《い》喜び給ひ《い》て、御稜威《みいつ》いやましに増して夜《よ》の守《まも》り日《ひ》の守《まも》りに守《まも》り恵み給へ《え》と恐《かしこ》み恐みも（乞《こ》ひ《い》のみ奉《まつ》らくと）白《もう》す。

【祝詞の解説】

季節の初物《はつもの》を求めてきたときや、珍しい品をいただいた場合、まずは神様にお供えして御覧いただく習慣を身に付けたいものです。神様もお喜びになられ、さらに御加護が増すことでしょう。その後に家族でいただくことで、初物のありがた味も増すのではないでしょうか。

【祝詞の訳文】

（この神棚にお鎮まりになる）言葉に掛けて申し上げるのも恐れ多い、大神様の御前に謹《つつし》んで申し上げます。四季が移り変わるままに実る初物を（折々四季の変化により人からいただく品々や旅行の土産品などを）神様の大前にお供えします。御恵みに感謝申し上げ、みんなで称賛することは、それこそわが日本国の美しい習慣であり、雅な思いにつながるものです。今は季節が〇から〇へ移り行く時にあたり、初物の〇〇が実った（が届いた・を賜った）ので、今、大前にお供え申し上げ、拝み申し上げることをお聞き届けいただきたいのです。大神様たちもこのお供え物をすばらしいとお喜びいただき、御稜威《みいつ》をますます増されて、夜も昼もお守り恵みくださいとかしこまって（お願い）申し上げます。

【コラム】神拝の作法　跪《ひざまず》いて拝む

現代では、家庭の神棚の前に立ってお参りすることが一般的ですが、畳の座敷に座るのが生活様式であった昭和三十年代までは、正座してお参りしていました。

これは徳川時代などは屋外でも同じであったようで、その時代のいくつかの書物の挿絵《さしえ》に、社寺の前に跪いてお参りしている姿が描かれています。

図は浅《あさ》井《い》了《りょう》意《い》の『江戸名所記』（寛文二年版）です。跪いた先に扇《せん》子《す》を広げるのは、当時の参拝時の儀礼だったようで、『扇子勤功誌《せんすきんこうし》』（宝暦頃）に「座具とする」と書かれています。了意は元禄四年に逝《い》ったので、この社頭に額づく風習は徳川時代初期と思われますが、屋外でも土下座してお参りしていた敬虔《けいけん》な姿がわかります。北《ほく》斎《さい》の「三嶋明神社頭の図」にも扇子を広げて土下座して拝む人が描かれていますが、これは時代がさらに下ります。なお、賽銭箱はこの時代には見えません。

浅井了意『江戸名所記』（寛文二年版）

第二章　人の成長、儀礼に関する祈願

家庭祭祀では、家庭内における人の成長に伴うさまざまなことが祭祀の対象となります。子供がいる家庭では子供を中心とした行事があり、その成長とともに神様にお願いをすることになります。人生の節目には必ず何かしらの祝詞をあげて、神様と一緒の生活に感謝や祈願をすることが大切です。

1 子供の誕生奉告

——神様のお導きで無事に誕生しました

（これの神床《かむとこ》に鎮《しず》まります）掛《か》けまくも畏《かしこ》き大神《おおかみ》たちの御前《みまえ》に恐《かしこ》み恐みも白《もう》さく。ちはやぶる神の御魂《みたま》の幸《さきわ》ひ《い》給へ《え》るまにまに、これの〇〇〇〇、と妻〇〇、とに新たなるみ命《いのち》を授け給《たま》ひ《い》しより、岩田の帯の緩《ゆる》むことなく障《さわ》ることなく、十月十日《とつきとおか》あまりをたらちねの母の体に宿《やど》りて、この〇月〇日に喪《も》なくことなくこの顕《うつ》し世《よ》にあれ出《い》で、母と子と相《あい》ともに健《すこ》やかにある由《よし》を告《つ》げ奉《まつ》り、祝《いわ》ひ《い》の御饌神酒《みけみき》相《あい》ともに供《そな》へ《え》奉《まつ》りて、喜び寿《ことほ》ぎ祝ひ《い》拝《おろが》み奉《まつ》るさまを平《たい》けく安《やす》けく聞《きこ》し召《め》して、この愛《め》ぐしみどり子《ご》の男子《おのこ》（女子《めこ》）の上を撫《な》で給ひ《い》、恵み給ひ《い》て、若竹のごとくにすくすくと、身も心も健やかに生《お》ひ《い》育《そだ》たしめ給ひ《い》、天《あめ》の益人《ますひと》いや益々《ますます》に立ち栄えしめ給へ《え》と恐《かしこ》み恐みも（乞《こ》ひ《い》のみ奉《まつ》らくと）白《もう》す。

【祝詞の解説】

出産は時に出血を伴うことがあり、穢《けが》れと認識されていました。古代には産屋《うぶや》を別に建ててお産をしました。医療が発達していない時代には出産は母子ともに負担が大きく、誰もが安産を祈りました。平安時代には出産時に甑《こしき》（蒸籠《せいろう》）を落とす、弓を鳴らす、『日本書紀《にほんしょき》』の一節を朗読するなど呪術的なことが行われました。現代では底抜け柄杓《ひしゃく》を奉納したり笊《ざる》を被った犬張子《いぬはりこ》が縁起物ですが、いずれもするっと抜けることから安産を祈るのです。

【祝詞の訳文】

（この神棚にお鎮まりになる）言葉に掛けて申し上げるのも恐れ多い、大神様の御前に謹《つつし》んで申し上げます。神様の御魂が幸福をもたらしてくださるのにおまかせしたところ、この私〇〇と、妻〇〇とに新たな命をお授けくださいました。安産の岩田帯の緩むことや支障もなく、十月十日《とつきとおか》ほどを母の体に宿り、この〇月〇日に何事もなく安産でこの世に生まれ出ました。母子ともに健やかなことを御奉告し、お祝いの御饌・神酒を一緒にお供えし、喜び寿ぎ祝いつつお願いいたします。大神様には願いをお聞き届けいただき、この愛らしく生まれたばかりの男子（女子）の身をお撫でになられ、お恵みをいただきたいのです。これからも若竹のようにすくすくと身も心も健やかに成長させていただき、生まれてくる家族が増えて、いよいよますます立ち栄えさせてくださいと、かしこまって（お願い）申し上げます。

2 命名式

——神様に「わが子の名前」が決まりましたことをご奉告いたします

(これの神床《かむとこ》に鎮《しず》まります) 掛《か》けまくも畏《かしこ》き大神《おおかみ》たちの御前《みまえ》に恐《かしこ》み恐みも白《もう》さく。

先に告《つ》げ奉《まつ》りしわがみどり子の、顕《うつ》し世《よ》に生《あ》れ出《い》でしよりややに大きになりまさりゆく程に、今日《きょう》はしも七日七夜《なのかななよ》を経て古《いにしえ》へゆ、名をば授くるよき日にしあれば、めでたき文字《もんじ》とよき訓《よ》みとを選び、今《いま》し祝《い》ひ寿《ことほ》ぐめでたき命名紙《めいめいし》に墨黒々《すみくろぐろ》と○○、と書きしたため、大前に祝《い》ひの御饌神酒《みけみき》と相《あい》ともに供《そな》へ奉《まつ》りて、喜び寿ぎ拝《おろが》み奉《まつ》るさまを平《たい》けく安《やす》けく聞《きこ》し召《め》して、この○○の上を撫《な》で給ひ《たまい》、恵み給ひ《い》て、大神等《たち》の恩頼《みたまのふゆ》とわが遠《とお》つみ祖《おや》先の見守《まも》りのままに、名にし負ふ○○の文字《もんじ》のままに、(強く正しく清く明るく) 身も心も健《すこ》やかに生《お》ひ《い》育《そだ》たしめ給ひ《い》、家門《いえかど》広く高く張り拡《ひろ》ごり興《おこ》さしめ給へ《え》と、恐《かしこ》み恐みも (乞《こ》ひ《い》のみ奉《まつ》らくと) 白《もう》す。

【祝詞の解説】

子供の名前は親がつけますが、**氏神神社から名前を授かる**こともできます。名前はその子の一生を表しますから、幸多き人生を祈り深い意味を持たせたいものです。**命名用紙を購入し、名前を書いて神棚の正面下に貼り付け**、神様にお示ししてこの祝詞をあげます。

名前に関しては、かつては「通し字」などと言って、先祖から代々同じ文字を使ってきた家があります。皇室では主に、「仁」の字を使ってきました。もちろん、古い時代は成人してから名を改め、御先祖にあやかって名乗りました。名前の占いには良い文字などもあり、また、近年はキラキラネームなどというものも流行りましたが、子供の将来を願って、良い意味の文字と読みを工夫した名前が付けられています。

【祝詞の訳文】

（この神棚にお鎮まりになる）言葉に掛けて申し上げるのも恐れ多い、大神様の御前に謹《つつし》んで申し上げます。先にお知らせした私の赤ちゃんは、この世に生まれてから次第に大きく成長し、今日のお七夜《しちや》は、昔から名を授ける良い日です。なので、すばらしい文字と良い読みとを選び、祝い寿ぐめでたき命名用紙に墨黒々と「○○」と書いて、大前にお祝いの御饌・神酒と一緒にお供えします。喜び寿いでお願い申し上げることをお聞き届けいただき、この「○○」の身の上をお撫でになられ、お恵みください。大神様たちの御魂のお力と家の祖先の見守りを受けて、名前にある「○○」の文字のように、（強く正しく清く明るく）身も心も健やかに成長させてくださり、この家をさらに盛んにさせてくださいと、かしこまって（お願い）申し上げます。

3 初宮詣

——生まれて初めて神様へのご挨拶。これからの人生に幸あれと

（これの神床《かむとこ》に鎮《しず》まります）掛《か》けまくも畏《かしこ》き大神《おおかみ》たちの御前《みまえ》に恐《かしこ》み恐みも白《もう》さく。

大神等《たち》の御魂《みたま》のみ守《まも》りのまにまに去《い》ぬる○月○日に生まれいでたる、吾子《あこ》○○、日数《ひかず》よろしくややに大きになりまさり、今日《きょう》しも三十日《みそか》（三十三日《みそかまりみか》）を経《へ》ぬるが故《ゆえ》に、石《いそ》の上古《かみ》き例《ため》しによりて、この地《ところ》の守《まも》りの大宮と常《つね》も仰《あお》ぎ奉《まつ》る○○神社の大前に、家族《うから》親族《やから》うち揃ひ《い》、初宮詣《はつみやもうで》仕《つか》へ《え》奉《まつ》らくと拝《おろが》み奉《まつ》るさまを、うましめぐかしと聞《きこ》し召《め》して、今も行く先もこの稚子《わくご》の上に大神たちの御魂《みたま》の幸《さち》のいやちこに、ちは《わ》ひ《い》給ひ《い》て、喪《も》なくことなくいよよ生《お》ひ《い》育《そだ》たしめ給へ《え》と恐《かしこ》み恐みも（乞《こ》ひ《い》のみ奉《まつ》らくと）白《もう》す。

【祝詞の解説】

氏神神社に新生児の初宮参りをする前に、この祝詞をあげます。氏神神社では、氏子になった奉告と成長の無事を祈ります。参拝の日は誕生日から三十日前後ですが、地域によって、また性別によって違いがあります。現代

初宮参りは本来、地域の氏神様にお参りをすることで氏子になった、氏子入りの儀礼でもありました。現代ではその意味合いが薄くなりましたが、誰にも故郷と呼べる生まれ育った場所があり、そこには鎮守《ちんじゅ》の杜《もり》があります。子供の頃に友と遊んだ神社の境内は、心の中の故郷とも言える場所で、いつまでも大切にしたいところなのです。

【祝詞の訳文】

（この神棚にお鎮まりになる）言葉に掛けて申し上げるのも恐れ多い、大神様の御前に謹《つつし》んで申し上げます。大神様の御魂のお守りによって、去る○月○日に生まれた私の赤ちゃん「○○」は日数がたって、次第に大きく成長し、今日、まさに生後三十日（三十三日）を過ぎました。昔からの例によって、この土地の守りの神様としていつも尊崇する○○神社の大前に、家族・親族うち揃って初宮詣をしますとお願いすることを、すばらしいことだ、かわいらしいことだとお聞き届けください。これから将来も、この赤ちゃんの身の上に大神様たちの御魂の御力を著しいばかりにおかけいただき、不吉な災いや特に変わったこともなく、さらに成長させてくださいとかしこまって（お願い）申し上げます。

4

七五三詣奉告

——女子は三歳・七歳、男子は五歳、成長を見届けてください

（これの神床《かむとこ》に鎮《しず》まります）掛《か》けまくも畏《かしこ》き大神《おおかみ》たちの御前《みまえ》に恐《かしこ》み恐みも白《もう》さく。古《いにしえ》へゆ男子《おのこ》は五《いつ》つを袴着《はかまぎ》、女子《めこ》は三《み》つあるは七《なな》つを髪置《かみおき》、帯解《おびとき》などと申して、祝《いわ》ひ《い》寿《ことほ》ぎきたれるがまにまに、今年は我が子〇〇、この年の巡《めぐ》りにあたりたるにより、今日《きょう》の生日《いくひ》の足日《たるひ》に七五三の祝ひ《い》ごとせむと、この地《ところ》の守《まも》りの大宮と常《つね》も仰《あお》ぎ奉《まつ》る〇〇神社の大前に、家族親族《うからやから》うち揃ひ《い》、各《おの》も各もが晴れ着、身に装《よそ》ひ《い》て祝ひ《い》の宮詣《みやもうで》仕《つか》へ《え》奉《まつ》らむと、拝《おろが》み奉《まつ》るさまを聞《きこ》し召《め》して、今も行く先もこの幼子《おさなご》の上に大神たちの御《み》魂《たま》の幸《さち》のいやちこに、ちは《わ》ひ《い》給ひ《い》て、千歳《ちとせ》の飴の千代八千代《ちよやちよ》と年を重ねては喜びも増しゆき、喪《も》なくことなく、ねびまさりに生《お》ひ《い》育《そだ》たしめ給へ《え》と恐《かしこ》み恐みも（乞《こ》ひ《い》のみ奉《まつ》らくと）白《もう》す。

【祝詞の解説】

七五三参りは十一月の十五日（この頃はこの前後の日）に、女子は三歳と七歳、男子は五歳のお祝いをすることで、昔から子供の通過儀礼として重視されてきました。七五三参りに行く前に、神棚にこの祝詞をあげます。そして**神社へ参拝し、社頭でもしくは昇殿してお祓いを受け、**さらなる成長を祈ります。

七五三のお祝いには千歳飴《ちとせあめ》がつきものです。千歳とは長生きを意味し、飴の棒状の形から粘り強く長生きをと縁起をかつぎました。それゆえ飴が紅白、袋に鶴亀や松竹梅のおめでたい図柄が描かれています。江戸中期頃に神社の境内で縁起物として売り出したことによります。かつては神社の境内に飴屋さんの屋台が並んでいたことを思い出します。

【祝詞の訳文】

（この神棚にお鎮まりになる）言葉に掛けて申し上げるのも恐れ多い、大神様の御前に謹《つつし》んで申し上げます。

昔から男子は五歳を「袴着《はかまぎ》」と言い、女子は三歳あるいは七歳を「髪置《かみおき》」「帯解《おびとき》」などと言って、祝って寿いできました。今年は我が子の〇〇が七五三の年巡りとなったので、今日のすばらしい日に七五三の祝いの行事をいたします。この土地の守りの神社として、いつもお仰ぎ申し上げる〇〇神社に家族・親族みな揃い、晴れ着を身に装ってお祝いの神社参詣をいたします。この願いをお聞き届けいただき、これから先の将来もこの〇〇の身の上に、大神様たちの御魂の御加護が注がれますように。そして千歳飴の名のごとく、千代《ちよ》、八千代《やちよ》と年々に、不吉なことや嫌なことなく成長させくださいと、かしこまって（お願い）申し上げます。

5

進学合格祈願（大学・専門学校・高等学校・中学校）

――進学にあたり努力の結果を奉告し、心配を取り除きましょう

（これの神床《かむとこ》に鎮《しず》まります）掛《か》けまくも畏《かしこ》き大神《おおかみ》たちの御前《みまえ》に恐《かしこ》み恐みも白《もう》さく。

学びの道のいや開《ひら》けに開けいや進みに進みゆく中《うち》に、おのが学びを高く伸ばし広く究《きわ》めむ《ん》との思ひ《い》を抱《いだ》き、明け暮れ学び勤《つと》め（部活動に専《もは》ら心を尽くし、技《わざ》を競《きそ》ひ《い》）きたれる○○は、おのが思ひ《い》を実らせむ《ん》と○○大学（専門学校・高等学校・中学校）に進むべく、むらぎもの心ひとつにうち定めて、来《きた》る○月○日にいよよ学力検査に臨むこととはなりぬ。かれこの由《よし》を告《つ》げ奉《まつ》りて恩頼《みたまのふゆ》を蒙《かがふ》らまくと、拝《おろが》み奉《まつ》るを聞《きこ》し召《め》して、おのが志《こころざし》を定めしよりこの方、年月《としつき》長く久しく倦《う》むこと怠《おこた》ることもなく、勤《いそ》しみ励《はげ》み来《きた》れる学びの力を余《あま》すことなく残ることなく書きしるし、あまたの受験の者どもの中にありても、心の焦《あ》せり気の衰《おとろ》へ《え》ることなく、心緩《ゆる》び侮《あなど》ることもあらしめず、またその日

に至るまでの間も病《やまい》ひやけがもなく、心穏《おだい》ひに保たせ給《たまい》ひて、悔いなくめでたく合格の栄えを得させたまひ《い》、思ひ《い》描く〇〇大学（専門学校・高等学校・中学校）に入らしめ給ひ《い》、輝かしき学生生活を送らせ給へ《え》と恐《かしこ》み恐みも（乞《こ》ひ《い》のみ奉《まつ》らくと）白《もう》す。

【祝詞の解説】

人生の中で、誰でも一度は受験というものに向き合わねばならない時代です。受験は気持ちを高める一方で、大きな不安を抱《かか》えもします。合格祈願を学問の神様にお参りすることも大切ですが、神棚にも祈りをこめ、御加護を祈ることで気持ちが安定することになります。

【祝詞の訳文】

（この神棚にお鎮まりになる）言葉に掛けて申し上げるのも恐れ多い、大神様たちの御前に謹《つつし》んで申し上げます。学問が次第に進む世の中に、自分の学問興味をもっと伸ばしたいとの思いを抱き、勉強や部活動に一生懸命取り組んできた〇〇は、自分の夢の実現のために〇〇大学（専門学校・高等学校・中学校）に進学しようと決めて、いよいよ〇月〇日に受験いたします。それで、このことを御奉告し、御加護をいただきたく祈願いたしますのでお聞き届けください。自分で志望校を決めてからは、長い間の受験勉強に怠けず打ち込んできた力をすべて発揮し、大勢の受験生の中でも緊張なく油断なく、受験当日まで体調管理に気をつけますので、めでたく合格し、第一志望の〇〇大学（専門学校・高等学校・中学校）に入らせてくださいとお願い申し上げます。

6 小学校入学合格祈願

――幼い子供に代わり受験の無事を祈る親心です

（これの神床《かむとこ》に鎮《しず》まります）掛《か》けまくも畏《かしこ》き大神《おおかみ》たちの御前《みまえ》に恐《かしこ》み恐みも白《もう》さく。瓜《うり》を食《は》み栗《くり》を食《た》べれば、心もしのに子供の思はる《わ》るは、たらちねの親のまことの心にて、明け暮れ子の行く末を思は《わ》ぬことはなき上に、なほ《お》幼ければ情《なさ》けも深きものなりけり。かかる親のまめごころから、こたび我《わ》が子○○は、いまだ幼きものの、私立の○○小学校に学ばせまくと、思ひ《い》はかり思ひ《い》めぐらし、ことの由《よし》を定めたるを告《つ》げ奉《まつ》り、恩頼《みたまのふゆ》を蒙《かがふ》らまくと拝《おろが》み奉《まつ》るを聞《きこ》し召《め》して、いまだ西《にし》も東《ひんがし》もおぼろげなるこの幼子の上を撫で給《たま》ひ《い》、恵み給ひ《い》て、大きみ守《まも》りのまにまに、ことなく喪《も》なくつつがなく受験を終《お》へ《え》しめ給ひ《い》、子を思ひ《い》、まなかひ《い》に顕《た》ちては安眠《やすい》もなさぬ親心を叶《かな》へ《え》させ給ひ《い》、桜咲く春からは色とりどりのランドセルにわが幼子《おさなご》も混じりて行き通《かよ》ひ《い》、かの○○小学校にてよき師に導かれよき友に出会《いであ》ひ《い》、学びの道の八街《やちまた》に覚《さと》り深く才高《ざえたか》き子となし幸ひ給ひ《い》、学べよ努《つと》めよ勤《いそ》しめよと励《はげ》ましめたまへ《え》と恐《かしこ》み恐みも（乞《こ》ひ《い》のみ奉《まつ》らくと）白《もう》す。

【祝詞の解説】

受験の中でも小学校受験は特別なものです。大学や高校受験と違い、親の思いに格別なものがあるようです。合格祈願をはじめ、地域の公立小学校とはまた別の環境に学ぶことの意義や通学の無事もあわせて祈ります。

【祝詞の訳文】

（この神棚にお鎮まりになる）言葉に掛けて申し上げるのも恐れ多い、大神様たちの御前に謹《つつし》んで申し上げます。「瓜や栗を食べれば、子供のことが心から思われる」と詠んだ万葉歌人もいますが、これがほんとうの親心で、いつも子供の将来を思うものでしょうし、子供が幼ければなおさら情が増すものです。このような親心から、このたび、我が子○○はまだ幼いのですが、私立の○○小学校に入学させたいと思います。そのように決めましたことをお知らせし、御加護をいただきたくお願いしますのでお聞き届けください。まだ西も東もわからない幼児のことをお撫でになり、お恵みください。大きな御加護のままに受験を無事に終えて、子のことが気にかかって安眠できない親心の願いを叶えてください。桜が咲く春からは、色とりどりのランドセルの中に我が子も混じって通学し、○○小学校で良い先生に導かれ、良い友に出会い、様々に学び、覚り深く、才能の高い子に成長させていただき、学べ、努力せよ、勤勉であれ、と励ましていただきたく、かしこまって申し上げます。

7 入学奉告学業祈願

——新入学への感謝と学校での生活をお守りください

（これの神床《かむとこ》に鎮《しず》まります）掛《か》けまくも畏《かしこ》き大神《おおかみ》たちの御前《みまえ》に恐《かしこ》み恐みも白《もう》さく。

あらたまの年月《としつき》重ぬるまにまに、子の生《お》ひ育《そだ》ちねびまさる姿の頼もしくなりて、○○年とはなりぬ。

○○この春早くも小学校（保育園・幼稚園・中学校・高等学校・専門学校・大学）に入《い》ることここに至るまでの大神等《たち》の導き恵み給《たま》へる御魂《みたま》の幸《さち》を畏《かしこ》み奉《まつ》り、ことの由告《よしつ》げ奉《まつ》り拝《おろが》み奉《まつ》るさまを聞《きこ》し召《め》して、これより入《い》る学び舎《や》に、もの学ぶ折々も、師の教へ《え》の導きによりて、悟りは深く、新たなるよき友垣《ともがき》の数も二重《ふたえ》三重《みえ》と数増《かずま》しゆき、学びの道をいや進めに進め、覚《さと》りの力をいや伸ばしに伸ばし、身も心も健《すこ》やかに悩むことなく憂《うれ》ふることなく、思ひ《い》出深き○年を過ごさしめ給へ《え》と恐《かしこ》み恐みも（乞《こ》ひ《い》のみ奉《まつ》らくと）白《もう》す。

【祝詞の解説】

保育園・幼稚園から大学まで学校に通うことになれば、四月の初めに入学の奉告をします。あわせて学業の発展を祈願し、学校生活の無事をお願いします。ぜひとも、お子様と一緒にお参りをしてください。なお、この祝詞は成長に従い、さまざまな学校に使用できます。

【祝詞の訳文】

（この神棚にお鎮まりになる）言葉に掛けて申し上げるのも恐れ多い、大神様の御前に謹《つつし》んで申し上げます。

年月を重ねるうちに子供は成長し、大きくなっていく姿が頼もしく思われます。そのようなおり、○○○は、この春には早くも小学校（保育園・幼稚園・中学校・高等学校・専門学校・大学）に入学する年齢となりました。ここに至るまでの大神様たちのお導きや、お恵みをくださった御魂のお力に畏《かしこ》まって感謝御礼を申し上げるとともに、御奉告をいたします。このお願いをお聞き届けいただき、学校で学ぶ時は先生の導きによって深く悟り、新しい友だちは重ね重ねに増えてゆきますように。そして学問の道をさらに究め、知覚の力をもっと伸ばし、心身ともに健康で悩みや心配事もなく、思い出深い○年間を過ごさせてくださいと、かしこまって（お願い）申し上げます。

8 卒業奉告

——これまでのご神恩に感謝し、今後の努力を神様にお約束しましょう

（これの神床《かむとこ》に鎮《しず》まります）掛《か》けまくも畏《かしこ》き大神《おおかみ》たちの御前《みまえ》に恐《かしこ》み恐みも白《もう》さく。月日《つきひ》の巡《めぐ》りの水行く川の流れのごとくに早きものかなと思ふ《う》が程に、師《し》の教へ《え》は蛍《ほたる》の光と窓の雪積み重なりて、思ひ《い》出は深く、身も心も健《すこ》やかに、〇〇〇〇は〇年の学びの功《いさお》のここに表れ、春めく弥生《やよい》の陽《ひ》のうららかなる今日《きょう》の生日《いくひ》の足日《たるひ》に小学校（保育園・幼稚園・中学校・高等学校・専門学校・大学）を卒業することとはなりぬ。ここに至るまでの大神等《たち》の導き恵み給へる《たまえ》御魂《みたま》の幸《さち》を畏《かしこ》み奉《まつ》り、ことの由《よし》告《つ》げ奉《まつ》り拝《おろが》み奉《まつ》るさまを聞《きこ》し召《め》して、これの学び舎《や》を出《い》でたる後《のち》も学び修《おさ》め得《え》たる業《わざ》を怠《おこた》ることなく、勤《いそ》しみ励《はげ》み、次の学び舎《や》に花と咲かしめ給へ《え》と（世に出では世の為、人の為に尽くさしめ給へ《え》と）恐《かしこ》み恐みも（乞《こ》ひ《い》のみ奉《まつ》らくと）白《もう》す。

【祝詞の解説】

入学の奉告と同時に、卒業の奉告が必要になることもあります。卒業は人生の折り目にあたり、過去の御加護や学業成就の御礼と、今後についてもお願いすることになります。

学問の神様は菅原道真公《すがわらのみちざね》とされ、全国の天神様・天満宮に祀られています。菅原道真は平安時代初期の公卿《くぎょう》、学者で、学才に優れていたので江戸時代中期から学問の神様として信仰を集め、今日に至っています。受験シーズンには多くの学生の願掛け、学業成就で賑わいます。太宰府天満宮を始め京都の北野天満宮、東京の亀戸天神社や湯島天満宮があります。身近な神社にも、境内の末社に天神様がお祀りされている場合があります。

【祝詞の訳文】

（この神棚にお鎮まりになる）言葉に掛けて申し上げるのも恐れ多い、大神様の御前に謹《つつし》んで申し上げます。

「月日は流れる川のように早く経《た》つ」と思っているうちに、先生の教えは蛍雪《けいせつ》の功の積み重ねとなり、思い出深いことがたくさんできました。心身も丈夫になって、〇〇〇〇は〇年間の学問の努力の結果が表れ、春の陽気の弥生の今日のすばらしい日に、小学校（保育園・幼稚園・中学校・高等学校・専門学校・大学）を卒業することになりました。こうなるまで、その間の大神様たちのお導きやお恵みくださった御魂の御加護をありがたく感謝し御奉告いたしますので、お聞き届け賜りたくお願いいたします。この学校を卒業したあとも、学び修得した技術を怠ることなく励み、努力を続け、次の学校でも花のように咲かせてくださいと、（世の中に出ては人のため、世のために尽くさせてくださいと）かしこまって（お願い）申し上げます。

9 習い事発表会・部活動大会奉告

――よい成果のお導きを祈ります

（これの神床《かむとこ》に鎮《しず》まります）掛《か》けまくも畏《かしこ》き大神《おおかみ》たちの御前《みまえ》に恐《かしこ》み恐みも白《もう》さく。

習《なら》ひ《い》ごとは六歳《むつ》の六月《みなづき》六日《むいか》から始めるとの古《ふる》ことのまにまに（○○学校に入りて○○部活動に属してこのかた）、我《わ》が子○○○○、○○の道を究《きわ》めむ《ん》との思ひ《い》から、長き年月《としつき》いれひもの心一つに技を磨《みが》き、励《はげ》みきたれるほどに、こたび○○発表会（大会）に出《い》でて技をば競《きそ》ふ《う》こととはなりぬ。かれことの由《よし》告《つ》げ奉《まつ》りて拝《おろが》み奉《まつ》るさまを平《たいら》けく安《やすら》けく聞《きこ》し召《め》して、今日《きょう》しも（○月○日に）行《おこな》は《わ》るる、これの発表会（大会）に、大神等《たち》の御魂幸《みたまさきわ》ひ《い》まして、積み重ねきたれるおのが力の限《かぎ》りを尽《つ》くさしめ給《たま》ひ《い》、喪《も》なくことなく輝かしき成果《いさお》を収《おさ》めしめ給ひ《い》、悔いなき一時《ひととき》となさしめ給へ《え》と恐《かしこ》み恐みも（乞《こ》ひ《い》のみ奉《まつ》らくと）白《もう》す。

【祝詞の解説】

学校生活での節目となる、習い事や部活動など、さまざまな大会への参加があります。自分で興味を持って取り組んだ成果を思う存分発揮できるよう、神様にお願いをします。必ず御加護があることでしょう。

稽古始めについては、能の大成者である世阿弥《ぜあみ》の『風姿花伝《ふうしかでん》』に「この藝において、おほかた七歳をもて初めとす」とあり、数え年の七歳（満年齢の六歳ころ）が芸能の稽古始めに適した年齢だったことがわかります。明治になって学制が布《し》かれた折に、小学校の入学年齢が六歳とされたのも学業始めの適齢期にあたるからなのでしょう。六月六日は、六歳の語呂合わせで特に意味はないようです。

【祝詞の訳文】

（この神棚にお鎮まりになる）言葉に掛けて申し上げるのも恐れ多い、大神様の御前に謹《つつし》んで申し上げます。

子供の習い事は六歳の六月六日から始めるのがよいとの言い伝えがあります。（〇〇学校に入学して〇〇部活動に入部して以来）、我が子〇〇〇〇は、〇〇の道を究《きわ》めようと思い、長い年月を一生懸命に技術を磨《みが》いて努力を続け、このたび〇〇発表会（大会）に出場してその技術を発表する（競う）こととなりました。このことを御奉告してお願い申し上げることをお聞き届けいただき、今日（〇月〇日に）行われる発表会（大会）に大神様たちの御力を加えていただきたいのです。積み重ねてきた努力の成果を十分に発揮させ、不吉なことや悪いこともなく、輝かしい結果を得させてください。悔いのない、良い発表会（大会）にしてくださいと、かしこまって（お願い）申し上げます。

10 誕生日祝

——誕生日を迎え、新たな決意と生きる証を確認しご奉告します

（これの神床《かむとこ》に鎮《しず》まります）掛《か》けまくも畏《かしこ》き大神《おおかみ》たちの御前《みまえ》に恐《かしこ》み恐みも白《もう》さく。一年《ひととせ》に八十日《やそかひ》はあれども今日《きょう》の○月○日は、わが○○○○（我が父、母、妻、子）の生《あ》まれし日にあれば、今年（早くも）○歳とはなりたるが故《ゆえ》に、大前に祝《い》ひの御饌神酒《みけみき》相《あい》ともに供《そな》へ《え》奉《まつ》りて、喜び寿《ことほ》ぎ拝《おろが》み奉《まつ》るさまを平《たいら》けく安《やす》けく聞《きこ》し召《め》して、かく喪《も》なくことなく、ねびまさりきたれるは、もはら大神等《たち》の御魂《みたま》の幸《さち》によるものぞと忝《かたじけな》み奉《まつ》り、今もゆくさきも幸《さき》く真幸《まさき》く、たまほこの道のゆくてに障《さわ》ることなく、玉《たま》の緒《お》の命《いのち》は長く守《まも》り恵み給《たま》へ《え》と恐《かしこ》み恐みも（乞《こ》ひ《い》のみ奉《まつ》らくと）白《もう》す。

【祝詞の解説】

誰もが一年に一度、誕生日が回ってきます。ことに子供の成長は、誕生日をお祝いすることで確認ができます。大人になったあとも、誕生日を迎えるたびに新たな決意や、生きている証を確認することが必要となります。また、将来についても神様にお願いすることが大切です。

我が国では個人の誕生日を祝う風習はありませんでした。奈良時代の光仁《こうにん》天皇が自分の誕生日を祝うことを定めましたが、定着はしませんでした。それは、国民すべてがお正月に加齢したことによります。これを「数え年」と言います。母親の胎内で生命をいただき、生まれて一歳、その後、正月が来るたびに年が増えていき、厄除けなどもこの年齢で行います。誕生日に満年齢を数えるようになったのは昭和二十四年からです。

【祝詞の訳文】

（この神棚にお鎮まりになる）言葉に掛けて申し上げるのも恐れ多い、大神様の御前に謹《つつし》んで申し上げます。

一年にたくさんの日がある中で、今日の○月○日は、私（我が父、母、妻、子）○○○○が生まれた日で、今年（早くも）○歳となりました。そこで神様の大前に、お祝いの御饌・神酒を一緒にお供え申し上げます。喜び寿ぎて、お願い申し上げることを安らかにお聞き届けください。これまで不吉なことや嫌なこともなく成長してこられたのも、大神様たちの御魂の御加護によるものと、かしこまって感謝御礼を申し上げます。これからの将来も幸せをいただき、行く手に何も支障はなく、命長くお守りお恵みくださいと、かしこまって（お願い）申し上げます。

11 成人式奉告 ――大人になった自覚と決意を神様に

（これの神床《かむとこ》に鎮《しず》まります）掛《か》けまくも畏《かしこ》き大神《おおかみ》たちの御前《みまえ》に恐《かしこ》み恐みも白《もう》さく。ちはやぶる神の申し子として生まれきて、生《お》ひ《い》育《そだ》ちねびまさりゆき、〇〇は、今年はやくも齢《よわい》を重ねて、十《とお》にあまること八《や》つ（十を重ねて二回り）の歳となり、男《おのこ》は初《うい》冠《こうぶり》、女《めこ》は髪上《かみあ》げ、裳着《もぎ》などと大人《おとな》と数《かず》まへ《え》らるる年とはなりぬ。かくあるは大神等《たち》の恩頼《みたまのふゆ》は申すも更《さら》なり、たらちねの親の恵みの海山よりも深く高きによるものぞと忝《かたじけな》み奉《まつ》り、畏み奉《まつ》り、拝《おろが》み奉《まつ》るさまを平《たいら》けく安《やすら》けく聞《きこ》し召《め》して、今も行く先も神の道を誠の道といただき、世の為《ため》人の為に力を尽くさしめ給《たま》ひ《い》、功《いさお》は高く誉《ほま》れはめでたくよき大人《おとな》びとと導き給へ《え》と恐《かしこ》み恐みも（乞《こ》ひ《い》のみ奉《まつ》らくと）白《もう》す。

【祝詞の解説】

成人年齢が引き下げられ、十八歳で大人の仲間入りをすることになりました。地方自治体では従来の二十歳に成人式を行うことが多いようですが、この祝詞は双方で使えるようにいたしました。この祝詞を自らあげて、大人の自覚を神様に誓いましょう。

古典を見ると、男子は十五歳前後で成人していたことがわかります。それを元服と言いました。元服では今まで童髪《わらわがみ》であった頭髪を結い、その結った髻《もとどり》に冠《かんむり》（または烏帽子《えぼし》）を加え、簪《かんざし》で固定します。これを加《か》冠《かん》、初冠《ういこうぶり》といい、冠を加える人を冠親《かんむりおや》（烏帽子親《えぼしおや》）といいました。成人した男性は、その象徴として庶民も頭に何かしら被っていました。江戸時代には髷《まげ》を結い、月代《さかやき》を剃ることでそれに代えました。いずれにせよ、頭髪の変化により成人の自覚をしていたのです。

【祝詞の訳文】

（この神棚にお鎮まりになる）言葉に掛けて申し上げるのも恐れ多い、大神様の御前に謹《つつし》んで申し上げます。神の申し子として生まれてきて、成長して大きくなり、〇〇は年を重ねて今年はやくも十八歳（二十歳）となり、成人の年を迎えました。このように成長できたのも、大神様たちの御魂の御加護は言うまでもなく、親の恩が海や山よりも深く高いものであるからとありがたく思います。かしこまってお願い申し上げますことを安らかにお聞き届けください。これから先も神の道を正しい道と身につけ、世のため、人のために力を発揮させてくださり、功績をあげ、名誉は高く、立派でよい大人にお導きくださいと、かしこまって（お願い）申し上げます。

12

就職祈願

——人生の大きな節目で、自分が念願する職業につけますように

(これの神床《かむとこ》に鎮《しず》まります)掛《か》けまくも畏《かしこ》き大神《おおかみ》たちの御前《みまえ》に恐《かしこ》み恐みも白《もう》さく。

くれたけの世に生業《なりわい》のあまたあるが中に、生まれつき身につきたる業《わざ》や、おのれの学び得たる業《わざ》を生かして、世の為《ため》人の為はた国の為に、生業《なりわい》として世をわたりゆくことこそよけれといふ《う》がまにまに、おのれ○○○○(我が子○○)はしも○○の技《わざ》にたけ、○○の道に詳しきことから、○○会社(○○に関《かか》は《わ》る生業《なりわい》)に就《つ》かまほしと、常《つね》に常に心に願ひ《い》きたるが、いよよ就職試験の間近《まぢか》になりぬ。かれこの由《よし》を告《つ》げ奉《まつ》り拝《おろが》み奉《まつ》るさまを聞《きこ》し召《め》して、大神等《たち》の御魂幸《みたまさき》は《わ》ひ《い》、筆記試験の誤《あやま》つことなく面接の受け応《こた》へ《え》の滞《とどこお》りなくよき成果《いさお》となし幸ひ《さきわい》給ひ《たまい》、明るき将来《ゆくて》へのおのが描くあらたなる生業《なりわい》の道へ導き給へ《え》と恐《かしこ》み恐みも(乞《こ》ひ《い》のみ奉《まつ》らくと)白《もう》す。

【祝詞の解説】

人生において職に就くということは大きな節目ですから、希望する職業に就けるように神様にお願いします。就職も高卒、専門学校卒すぐの場合や、大学の四年の早い時期に内定が決まる時代となってきました。その一方で、転職が盛んとも聞き及んでおります。いずれも、その試験や面接の合格を祈ります。

【祝詞の訳文】

（この神棚にお鎮まりになる）言葉に掛けて申し上げるのも恐れ多い、大神様の御前に謹《つつし》んで申し上げます。

世の中には生活手段がたくさんありますが、生まれつき身にもっている技術や、自分で学習して身につけた業を生かして世のため人のためにそれを生活の糧に生きることが一番良いと考えます。私〇〇〇〇（我が子〇〇）は、〇〇の技に長じ、〇〇のことに詳しいので、〇〇会社（〇〇に関する職業）に就職したいと、いつもいつも心に願ってきましたが、いよいよ就職試験が間近になりました。このことを御奉告するとともにお願い申し上げることをお聞き届けいただきたいのです。大神様たちの御魂の御加護のもと、筆記試験を間違うことなく、面接の応答も滞ることなく、すばらしい結果をださせてください。そして明るい将来に向け、自分で思い描く新しい職業へお導きくださいと、かしこまって（お願い）申し上げます。

13 就職奉告

——就職が決まった喜びを神様とわかちあい今後のご加護を祈ります

(これの神床《かむとこ》に鎮《しず》まります)掛《か》けまくも畏《かしこ》き大神《おおかみ》たちの御前《みまえ》に恐《かしこ》み恐みも白《もう》さく。日に月に新たに開《ひら》くる世にはあまたの生業《なりわい》のある中に、こたび我が○○○○(我《わ》が子○○)おのが○○の技《わざ》をば生かして、○○会社に入り、○○の部門を請《う》け負《お》ふこととはなりて、幼きころよりの夢叶《かな》へられしは、これ専《もは》ら大神等《たち》の恩頼《みたまのふゆ》によるものと忝《かたじけな》み奉《まつ》り畏《かしこ》み奉《まつ》りて拝《おろが》み奉《まつ》るさまを聞《きこ》し召《め》して、今も行く先も幸御魂《さきみたま》幸《さきわ》はひまして、○○会社、○○部門の生業《なりわい》を大神等《たち》の与《あた》へ《え》給《たま》ひ《い》授け給へ《え》るかしこき営《いとな》みといただきて、正しく直《なお》き真心《まごころ》を尽くし誤《あやま》つことなく怠《おこた》ることなく、更《さら》なる事業《いとなみ》を延べ広げ、いや益々《ますます》に立ち栄えしめ給へ《え》と恐《かしこ》み恐みも(乞《こ》ひ《い》のみ奉《まつ》らくと)白《もう》す。

【祝詞の解説】

新しい職業に就くことは、さまざまな不安を抱えることでもあります。そのスタートを神様にお知らせして、今後の御加護を祈ります。就職者本人が奉告することが望ましいですが、場合によっては親が執り行ってもかまいません。なお、退職による再就職の場合は祝詞（17）を参照してください。

ところで、日本の神様は八百万《やおよろず》の神と言われるほど多くいらして、それぞれ各自の負い持つ職分がありま す。それぞれの持ち場で専門的なことに与《あずか》っているのです。医薬の神様や学問の神様、商売繁盛の神様など、それぞれが分業となっています。古代の日本人が、さまざまなものに神の存在を感じたことがこのような神観につながっているのです。

【祝詞の訳文】

（この神棚にお鎮まりになる）言葉に掛けて申し上げるのも恐れ多い、大神様の御前に謹《つつし》んで申し上げます。日々進歩してゆく世の中にはたくさんの職業がありますが、このたび私〇〇〇〇（我が子〇〇）は、自分の〇〇の技術を生かして〇〇会社に入り、〇〇の部門を担当することになりました。子供の頃からの夢が叶えられたのは大神様たちの御魂の御加護によるものとありがたく思い、かしこまってお願い申し上げることを安らかにお聞き届けください。これからの将来も神様の御力をいただきたく、〇〇会社、〇〇部門の職を大神様たちが与えお授けくださったありがたいものと思い、正しく真直ぐな真心をもって仕事に尽くし、間違いや怠惰もなく、さらに事業を拡大し、ますます栄えさせてくださいと、かしこまって（お願い）申し上げます。

14 結婚奉告

――二人の新しい門出と平和な家庭を構築することをお誓いします

（これの神床《かむとこ》に鎮《しず》まります）掛《か》けまくも畏《かしこ》き大神《おおかみ》たちの御前《みまえ》に恐《かしこ》み恐みも白《もう》さく。風の音《と》の遠き神代《かみよ》に伊《い》邪《ざ》那《な》岐《ぎ》伊《い》邪《ざ》那《な》美《み》の二柱《ふたはしら》の大神等《たち》の嫁《とつ》ぎの業《わざ》に神習《かんなら》ひ《い》、神導《かんみちび》きのまにまに、こたびわれ〇〇〇〇（わが子〇〇）、〇〇〇〇を妻《つま》と娶《めと》り（に夫《つま》と嫁《とつ》ぎ）新たなる家を設《ま》けることになりぬ。大神等《たち》の奇《く》しき縁《えにし》のちはひ《わい》まして、二人の出会《いであ》ひ《い》年月《としつき》重ねて今に至り、この〇月〇日に〇〇神社の大前にて家族親族《うからやから》、詣で集《つど》ひ《い》、祝ひ《い》の寿《ほ》ぎごとし奉《まつ》るにより（し奉《まつ》りしにより）、今日《きょう》しもこの由《よし》を告《つ》げ奉《まつ》り、拝《おろが》み奉《まつ》るさまを平《たい》けく安《やす》けく聞《きこ》し召《め》して、この家に嫁《とつ》ぎくる〇〇〇〇とともに（あらたに家を設《ま》け）二人で営《いとな》む新たなる暮らしの行く末を永久《とわ》に向《む》く栄《さか》に見守《まも》り幸《さきわ》ひ《い》給《たま》ひ《い》、喜びに満ち、うれしき時も辛《つら》く苦しき時も相生《あいおい》の松のごとくに相助け相携《たずさ》へ《え》て、高砂《たかさご》の松の齢《よわい》に喜びを積み重ねしめ、豊《ゆた》けき暮らしとなさしめ給へ《え》と、恐《かしこ》み恐みも白《もう》す。

【祝詞の解説】

結婚は人生の大きな節目にあたります。現代では神前・人前・教会式・仏式などさまざまな結婚式の挙げ方があり、個性豊かな式もあります。神棚がある家庭では、新たな家族の一員を迎えるという思いから、神様にお知らせして平和な家庭の構築に御加護を祈ります。

【祝詞の訳文】

（この神棚にお鎮まりになる）言葉に掛けて申し上げるのも恐れ多い、大神様の御前に謹《つつし》んで申し上げます。遠い遠い神代《かみよ》の昔に伊邪那岐・伊邪那美の二柱《ふたはしら》の大神様たちが御結婚された神業《かみわざ》に習い、そのお導きのままに、このたび私〇〇〇〇が（わが子〇〇が）、〇〇〇〇を妻と娶り（の夫として入り）新たに家を設けることになりました。大神様たちの奇《く》しびな縁《えにし》が幸いして二人の出会いに結びつき、年月を重ねて今（結婚すること）になりました。〇月〇日に〇〇神社の大前に家族・親族揃って参詣し、祝いの結婚式を執り行うにつき（執り行ったので）、今日このことを御奉告申し上げます。お願い申し上げますことをお聞き届けいただき、この家に嫁いだ〇〇〇〇（〇〇家に入った〇〇）と一緒に（新たに家を設け）二人で営《いとな》む新家庭の将来を永遠に栄え行くようにお見守りください。喜びが満ち、嬉しい時も辛く苦しい時も相生《あいおい》の松のようにお互いに助け合い、高砂の松のように年を重ねて喜びを積み重ね豊かな生活をさせていただきたいと、かしこまり申し上げます。

15 子授け祈願

——私たちに愛らしい子供をどうかお授けください

（これの神床《かむとこ》に鎮《しず》まります）掛《か》けまくも畏《かしこ》き大神《おおかみ》たちの御前《みまえ》に恐《かしこ》み恐みも白《もう》さく。恐《かしこ》きや大神たちの導きのまにまに、妹背《いもせ》の契《ちぎ》りを交《か》はし《わ》、新たなる家を築《きず》きて年月《としつき》を重ね来たれるも、いまだに子宝《こだから》に恵まれずにやや寂しき思ひ《い》のあるを悩み惑《まど》ふ《う》ものから、愛《うつ》くしき子を授け給へ《え》と拝《おろが》み奉《まつ》るさまを平《たいら》けく安《やすら》けく聞《きこ》し召《め》して、大神等《たち》の御魂《みたま》のこの二人が上に幸《さきわ》ひ《い》給ひ《い》て、はやはやと新たなる命を授け給《たま》ひ《い》恵み給ひ《い》て、すくすくと生《お》ひ《い》育《そだ》つ愛《は》しき子を真中《もなか》にして幸多《さちおお》き明るき家となさしめ給へ《え》と恐《かしこ》み恐みも（乞《こ》ひ《い》のみ奉《まつ》らくと）白《もう》す。

【祝詞の解説】

結婚後数年して、子供を授かりたい願望がありながらも、まだ子供に恵まれない方は、こちらの祝詞を使って祈願します。子授けに名高い神社のお守りや授与品などを供えて祈願するとよいでしょう。

安産、子授けの神様は水天宮《すいてんぐう》や浅間《せんげん》神社とされています。また、犬は多産の上、安産であることから戌《いぬ》の日のお参りや犬の信仰ともなっています。子授けのお守りや縁起物はさまざまにありますが、住吉大社（大阪市住吉区）の睦犬《むつみいぬ》の置物はその代表的なものです。

【祝詞の訳文】

（この神棚にお鎮まりになる）言葉に掛けて申し上げるのも恐れ多い、大神様の御前に謹《つつし》んで申し上げます。

恐れ多いことに大神様たちのお導きのままに、結婚して新たな家庭を築いてから数年経過いたしましたが、いまだ子宝に恵まれません。寂しい思いがして悩み迷っておりますので、愛らしい子供をお授けいただきたいという願いをお聞き届けください。大神様たちの御加護が二人の上に幸福をもたらし、はやく新しい命をお授けお恵みくださり、すくすくと成長する愛らしい子供を中心に、幸せ多く明るい家庭を築かせてくださいと、かしこまって（お願い）申し上げます。

16 安産祈願

——岩田帯に願いを込め、安らかなお産と良い子の誕生をお祈りします

(これの神床《かむとこ》に鎮《しず》まります)掛《か》けまくも畏《かしこ》き大神《おおかみ》たちの御前《みまえ》に恐《かしこ》み恐みも白《もう》さく。

いちはやき神の御魂《みたま》の幸はひ《さきわい》給ひ《たまい》て、恐《かしこ》きかも我《われ》○○○○、妻○○との間に、玉《たま》の緒《お》の新たなる命を授け給ふ《う》を忝《かたじけな》み奉《まつ》り畏《かしこ》み奉《まつ》りて、日々健やかに生《お》い育ちゆく我が嬰児《みどりこ》と妻との上を撫《な》で給ひ《い》、恵み給ひ《い》て、大前に岩田の帯の太帯《ふとおび》の長帯《ながおび》を供へ《そなえ》奉《まつ》りて、安《やす》らけき産《うまれ》を乞ひ《こい》祈《の》み奉《まつ》ると、(戌《いぬ》の良き日を選びて)拝《おろが》み奉《まつ》るさまを聞《きこ》し召《め》して、大神たちの大御恵《おおみめぐみ》をこの母と子との上に蒙《かがふ》らしめ給ひ《い》、身も心も健《すこ》やかに守《まも》り給ひ《い》て、障《さわ》ることなく恙《つつ》むことなく、十月十日《とつきとおか》の月日《つきひ》の満《み》ち欠《か》けの違ふ《たがう》ことなく誤《あやま》つことなく、平《たい》らけく安《やす》らけく生まれ出《い》ださしめ給へ《え》と恐《かしこ》み恐みも(乞ひ《こい》のみ奉《まつ》らくと)白《もう》す。

【祝詞の解説】

何かとストレスの多い時代となり、出産までは不安がつきまといます。また、働き方改革とはいえ、出産間際まで働かなければならないような場合もあります。母子ともに健やかな出産を祈るのは常のことであります。安産祈願は、**犬が多産安産であることから戌《いぬ》の日に行い**、神様の御加護をぜひともいただいてください。

【祝詞の訳文】

（この神棚にお鎮まりになる）言葉に掛けて申し上げるのも恐れ多い、大神様の御前に謹《つつし》んで申し上げます。すばらしい大神様の御魂が幸福をもたらしてくださり、恐れ多いことですが、私《わたくし》○○○と、妻○○との間に、新たな命をお授けくださいました。とてもありがたいことと感謝感激しており、日々、健康に成長してゆく嬰児をお見守りお恵みください。大神様の御前に、岩田帯の太く長い帯をお供えして（戌のよい日を選んで）安産をお願い申し上げます。願いをお聞き届けくださり、大神様たちの大きな御加護をこの母と子との上にかけていただき、心身も健康で出産に支障も問題もなく、十月十日の月日も順調に、平和に、安穏《あんのん》のうちに出産させてくださいと、かしこまって（お願い）申し上げます。

17 退職転職奉告

――退転職にこれまでの感謝と新しい職務への励行を誓います

（これの神床《かむとこ》に鎮《しず》まります）掛《か》けまくも畏《かしこ》き大神《おおかみ》たちの御前《みまえ》に恐《かしこ》み恐みも白《もう》さく。

これの○○○○、この三月晦日《やよいみそか》もて○○の職《つかさ》を退《しぞ》き、四月《うづき》の一日《ついたち》より新たに○○の職《つかさ》に再び任《ま》けらるることとはなりぬ。かれ、この○○年の勤《つと》めの間も大神たちの恩頼《みたまのふゆ》を落つることとなく漏るることなく蒙《かがふ》り奉《まつ》りて、喪《も》なく異《こと》なく勤《いそ》しみ励《はげ》み来《きた》れる由《よし》を告《つ》げ奉《まつ》りて、謝《いや》び寿《ことほ》ぎ称へ辞竟へ《たたえごとおえ》奉《まつ》ると拝《おろが》み奉《まつ》るさまを聞《きこ》し召《め》して、尚《なお》もまた始まる新たなる勤《つと》めも、手の蹪ひ《まがい》足の蹪ひ《まがい》もあらしめず、いや益々《ますます》に○○の業《わざ》に仕へ《つかえ》奉《まつ》らしめ給《たま》ひ《い》、心安《うらやす》く、うた楽しく勤《いそ》しみ励《はげ》ましめ給へ《え》と恐《かしこ》み恐みも白《もう》す。

【祝詞の解説】

転職が若者を中心に行われる時代です。転職して新たな人生のスタートを切るのは、また、大きな節目にあたりますので、ぜひ、神様にお知らせして御加護を祈ります。なお、この祝詞は定年による再雇用にあたっても使うことができます。

【祝詞の訳文】

（この神棚にお鎮まりになる）言葉に掛けて申し上げるのも恐れ多い、大神様の御前に謹《つつし》んで申し上げます。

この○○○○は、三月三十一日をもって○○の職を退職し、四月一日から新たに○○に再就職いたしました。この○○年の勤務の間も、落ちこぼれたり漏れたりすることなく、大神様たちのご加護をいただいておりました。嫌なことや問題もなく、勤務に励むことができたことへの感謝と喜びを御奉告申し上げます。そしてまた、お願いごとをお聞き届けください。これから始まる新たな仕事に少しの間違いもなく、ますます○○の仕事に集中して、安心し、楽しく職務に励行させてくださいと、かしこまって申し上げます。

18 還暦《かんれき》奉告

——無事に還暦を迎えられ、これからの輝かしい老後をお守りください

(これの神床《かむとこ》に鎮《しず》まります)掛《か》けまくも畏《かしこ》き大神《おおかみ》たちの御前《みまえ》に恐《かしこ》み恐みも白《もう》さく。十干十二支《じっかんじゅうにし》を組み合は《わ》せて六十《むそ》の数として、こを干支《えと》と唱《とな》へ《え》て年巡《としめぐ》りを数《かず》まへ《え》、長き齢《よわい》の初めの節目《ふしめ》の年を還暦《かんれき》と祝ひ《い》寿《ことほ》ぐ慣《なら》ひ《い》のある世の中に、今年、我《あ》が〇〇〇〇、指《および》かき数ふ《う》れば六十《むそ》にあまり一つとなり、生まれたる干支《えと》の年めぐりに還《かえ》りぬ。かかれば家族親族《うからやから》打ち集《つど》ひ《い》てこの祝ひ《い》の宴《うたげ》をせばやと、今日《きょう》のよき日(誕生日)にことの由《よし》を告《つ》げ奉《まつ》りて、拝《おろが》み奉《まつ》るさまを聞《きこ》し召《め》して、大神たちの大御恵《おおみめぐみ》をいや益々《ますます》に蒙《かがふ》らしめ給《たま》ひ《い》、身も心も健《すこ》やかに喪《も》なくことなくあらしめ給ひ《い》、輝かしき老後《おいさき》と守《まも》り恵み導き給へ《え》と恐《かしこ》み恐みも(乞《こ》ひ《い》のみ奉《まつ》らくと)白《もう》す。

十干 甲《こう》《きのえ》乙《おつ》《きのと》丙《へい》《ひのえ》丁《てい》《ひのと》戊《ぼ》《つちのえ》己《き》《つちのと》庚《こう》《かのえ》辛《しん》《かのと》壬《じん》《みずのえ》癸《き》《みずのと》

十二支 子《ね》丑《うし》寅《とら》卯《う》辰《たつ》巳《み》午《うま》未《ひつじ》申《さる》酉《とり》戌《いぬ》亥《い》

甲子《きのえね》乙丑《きのとうし》の順に組み合わせます。
令和六年は甲辰《きのえたつ》です。

【祝詞の解説】

十干十二支の組み合わせは六十通りあり、自分の生まれた干支には六十一年目に戻ります。これを「還暦」と言い、人生の大きな節目としてお祝いをします。満六十歳＝数え六十一歳です。「人生五十年」と言われた昔は、還暦の祝いが最初の長寿祝いで、赤いちゃんちゃんこなどを贈ってお祝いしたものです。退職の年齢を引き上げる企業が増えてきましたが、まだ、六十歳を定年退職としているところが多いようです。

【祝詞の訳文】

（この神棚にお鎮まりになる）言葉に掛けて申し上げるのも恐れ多い、大神様の御前に謹《つつし》んで申し上げます。十干十二支を組み合わせ六十の数として、これを「干支」と言って年巡《めぐ》りを数える方法にしています。長生きした年齢の最初の節目の年を「還暦」と言って、お祝い事をする習慣が世間ではありますが、今年、私、○○は、指を折って数えれば六十一年目にあたり、自分が生まれた干支の年巡りに戻りました。家族・親族が揃って祝賀の宴会をしようということで、今日の良き日（誕生日）にこれを御奉告申し上げます。これをお聞き届けいただき、大神様たちの大きな御加護をさらにおかけくださり、心身健全に嫌なことも問題となる出来事もなく、輝かしい老後をお守り、お恵み、お導きくださいと、かしこまって（お願い）申し上げます。

19

長寿祈願

――これまでよりも、さらに健康長寿を与えていただきますように

（これの神床《かむとこ》に鎮《しず》まります）掛《か》けまくも畏《かしこ》き大神《おおかみ》たちの御前《みまえ》に恐《かしこ》み恐みも白《もう》さく。

大神たちの厚き広き大御恵《おおみめぐみ》を蒙《かがふ》り、恩頼《みたまのふゆ》の大御蔭《おおみかげ》のまにまに、これの○○○○、（身も心も健《すこ》やかに）年月《としつき》を重ね、今年は○○歳の齢《よわい》となりたるを（稀《まれ》なることと喜び奉《まつ》り）謝《いや》び寿《ことほ》ぎ称《たた》へ《え》辞《ごと》竟《お》へ《え》奉《まつ》ると拝《おろが》み奉《まつ》るさまを聞《きこ》し召《め》して、苦も楽もありける長き一世《ひとよ》を顧《かえり》み、今《いま》ゆ行《ゆ》く先《さき》も弥益々《いやますます》に世の長人《ながひと》と、御齢《みよわい》い長く天足《あまた》らは《わ》しめ給《たま》ひ《い》、高砂《たかさご》の松の緑のいや常若《とこわか》く、白鬚《しらひげ》の胸垂《むなた》るるがに長くこの世にあらしめ給ひ《い》、年々《としどし》の長者の番付にその名も著《しる》く、夜《よ》の守《まも》り日《ひ》の守《まも》りに守《まも》り恵み幸《さきわ》ひ《い》給へ《え》と恐《かしこ》み恐みも白《もう》す。

【祝詞の解説】

「人生百年時代」と言われています。健康で何事もなく過ごす高齢者への長寿祈願で、自分で奏上しても、また、家族の誰かが奏上してもかまいません。病床にあるとか、体調がすぐれない方は「身も心も健やかに」を削ります。さらなる長寿を心を込めて神様に祈ります。

【祝詞の訳文】

（この神棚にお鎮まりになる）言葉に掛けて申し上げるのも恐れ多い、大神様の御前に謹《つつし》んで申し上げます。大神様たちの厚く広く大きな御恵をいただき、大きなご加護のおかげによって、この〇〇〇〇は身も心も健全のままに年月を重ねて参りました。今年は〇〇歳の年齢になったことを（稀なことと喜び申して）感謝し、喜び、祝福いたします。そこで、これからお願い申し上げますことをお聞き届けください。苦楽とともにあった今までの長い人生を振り返り、これから先も、ますます世の中で長寿な者として寿命を長く保たせてください。そして毎年の砂の松の緑がますます若々しいように、白鬚が胸に垂れるまで長くこの世に生かしてください。高長者番付にその名が載るほどにまで、夜も昼もお守りくださり、幸せをお恵みくださいと、かしこまって申し上げます。

20

老人施設入所奉告

——施設入所前にこれまでの感謝と祈りを重ねましょう

（これの神床《かむとこ》に鎮《しず》まります）掛《か》けまくも畏《かしこ》き大神《おおかみ》たちの御前《みまえ》に恐《かしこ》み恐みも白《もう》さく。

たらちねの我《わ》が親、〇〇〇〇、齢《よわい》〇となり、家族親族相助《うからやからあいたす》け、相補《あいおぎな》ひ《い》て共に暮らしきたれるも、年老いて腰の二重《ふたえ》にかがまり、足の萎《な》えてえ歩み叶《かな》はずなりゆきて、家にあるも、ところせくなり、ややややに家族《うから》の辛《つら》く厳《きび》しくなりゆくことから、こたび相諮《あいはか》り、相考《あいかんが》へ《え》て、はしなくも〇〇なる〇〇院（施設名）に入ることとはなりぬ。長き年月相《としつきあい》ともに暮らしきたれる深き情《なさ》けの、やむにやまれぬ思ひ《い》を告《つ》げ奉《まつ》り拝《おろが》み奉《まつ》るさまを聞《きこ》し召《め》して、今《いま》ゆのちも老いたる父（母）の上《うえ》をも見そなはし《わ》給ひ《たまい》幸ひ《さきわい》給ひ《い》て、行く末遠《すえとお》く永く守《まも》り恵み給へ《え》と恐《かしこ》み恐みも（乞ひ《こい》のみ奉《まつ》らくと）白《もう》す。

【祝詞の解説】

家庭内のさまざまな状況によって、高齢者を施設に預けなければならないことが起きます。やむをえないとはいえ、本人や家族は複雑な心境になります。施設での無事を始め、現在の心境を述べて御加護を祈ります。

【祝詞の訳文】

（この神棚にお鎮まりになる）言葉に掛けて申し上げるのも恐れ多い、大神様の御前に謹《つつし》んで申し上げます。

私の（父・母）である〇〇は、〇歳となって家族や親族が総出で介護し、協力して一緒に生活してきましたが、年老いて腰が曲がり、足に支障があって歩くこともできなくなりました。家にいても不自由なことが多く、次第に家族の誰にとっても厳しい状況となったので、このたび相談し考え合って、やむなく〇〇にある〇〇院（施設名）に入ることになりました。長い歳月を一緒に生活してきた情けもあって、このどうしようもない辛い思いを御奉告いたします。できることであれば、お願い申し上げることをお聞き届けください。これから先も、老いたる（父・母）の身の上を御覧いただき、御加護をお垂れになって永遠にお守り恵みくださいと、かしこまって（お願い）申し上げます。

21

服喪《ふくも》明けに神棚へお札を祀る

——喪明けのスタートを浄めます

（これの神床《かむとこ》に鎮《しず》まります）掛《か》けまくも畏《かしこ》き大神《おおかみ》たちの御前《みまえ》に恐《かしこ》み恐みも白《もう》さく。

つらつら椿《つばき》つらつらに思ひ返《い》せば、去《い》ぬる○月○日にちちのみの父○○（ははそはの母○○）幽界《かくりよ》に罷《まか》り出《い》でしによりて、面影偲《おもかげしの》び偲びて喪《も》に服し、ゆくりなくも神事《かむごと》に与《あずか》ること、また日々仕《つか》へ奉《まつ》れる御祭《みまつ》りも慎《つつし》みきたれるものの、時の流れの早くも一年《ひととせ》を過ぎの戸を明けて、また常《つね》の暮らしの始まるままに、こたび大神たちの神札《おふだ》を斎《いつ》き奉《まつ》り神事仕《かむごとつか》へ奉《まつ》るにあたり、この由《よし》を告《つ》げ奉《まつ》りて、御饌神酒供《みけみきそな》へ奉《まつ》りて拝《おろが》み奉《まつ》るを聞《きこ》し召《め》して、大神たちの御稜威《みいつ》によりて家内《やぬち》を清め給《たまい》ひ、今《いま》ゆ後《のち》もまた元のごとくにこれの家の鎮《しず》めの守《まも》りの大神と、恩頼《みたまのふゆ》を家族親族《うからやから》に弥遠永《いやとおなが》に蒙《かがふ》らしめ給ひ《い》、夜《よ》の守《まも》り日《ひ》の守《まも》りに守《まも》り恵み幸《さきわい》ひ給《い》へ《え》と恐《かしこ》み恐みも（乞《こい》ひのみ奉《まつ》らくと）白《もう》す。

【祝詞の解説】

家族に不幸があった場合、一定の期間を喪に服します。これを「服喪」と言い、その期間は親の場合が概《おおむ》ね一年（十三ヶ月）とされ、この期間は神事に積極的に関係することを避けます。神社の参拝を遠慮する、鳥居をくぐらないなどと言います。そのため、年末に神棚にお札をお祀りすることも遠慮しますが、お札自体は受けておき、喪が明けたあとの適宜な日にお祀りし、喪が明けたことをお告げして神様の御加護を祈ります。

【祝詞の訳文】

（この神棚にお鎮まりになる）言葉に掛けて申し上げるのも恐れ多い、大神様の御前に謹《つつし》んで申し上げます。

つらつら思い起こしてみれば、去年の○月○日に父（母）が幽界（隠世《かくりよ》）に身罷った（亡くなった）ので、面影を偲んで喪に服しました。思いがけないことで神事に関係することもできず、また、いつもお仕え申し上げてきた神棚のお祭りも遠慮してきました。しかし、早くも一年を過ぎて喪の期間も明け、また、いつもの生活が始まるにあたって、大神様たちのお札をお祀りして神事をお仕えすることになりましたので、御奉告いたします。御饌・神酒をお供えし、お願いすることをお聞き届けいただき、大神様の御力でこの家の中をお浄めください。今後も、また今までのようにこの家の鎮め、守りの大神様と、御魂の御加護を家族・親族に永遠に蒙らせてくださり、夜も昼もお守り恵み、幸せをいただきたいと、かしこまって申し上げます。

22

人の死を告げる祝詞

――大切な人の死後に御霊の安定をお願いします

（これの神床《かむとこ》に鎮《しず》まります）掛《か》けまくも畏《かしこ》き大神《おおかみ》たちの御前《みまえ》に恐《かしこ》み恐みも白《もう》さく。

世に禍津日《まがつひ》の神の禍事《まがこと》さはにある中《うち》に、世の慣《なら》ひ《い》とは言へ《え》、人の死ぬることの、かばかり悲しきものはあらじかし。（父・母・友人）〇〇〇〇、こたび〇〇のことにあたり、（年老いて病《やま》ひ《い》の重なり、長く伏してあるが・ゆくりなくも〇〇の事故に遭《あ》ひ《い》）この顕《うつ》し世《よ》を去りて幽界《かくりよ》にまかり出《い》でゆくに（ゆくと聞くに）、（今しその穢《けが》れにかかりたれば大前に隔《へだ》ての紙を引き垂れて）、悲しみの中に忍び忍びにことの由《よし》を申すを聞し召《きこしめ》して、思ひ《い》空《むな》しく口惜《くちお》しく幽界《かくりよ》にいでましし〇〇〇〇の御霊《みたま》のいや清《きよ》まり神足《た》らひ《い》ゆくべく乞《こ》ひ《い》祈《の》み奉《まつ》り、また深き悲しみの中に顕界《うつしよ》に残れる者の上をも恵み給《たま》ひ《い》、大海《おおうみ》にたゆたふ《う》船の行方《ゆくえ》も、たなしらにあるがごとき心細き身の上を導き給ひ《い》て、や猛《たけ》こころを奮《ふる》ひ《い》おこし悲しみを越えて、はやはやに常の暮らしに立ち返らしめ給へ《え》と恐《かしこ》み恐みも白《もう》す。

【祝詞の解説】

家族・親族などの死を奉告し、幽界《ゆうかい》での故人の御霊の安定を神様に祈ります。特に穢《けが》れの問題が生じますので、**神前のしめ縄の向こう側に半紙などの白い紙を三十日間垂らし、穢れと区別した状況で**、小さい声で奉告します。家庭の宗旨によっての葬儀が行われますが、神道では死者は幽界に行くものと考え、故人の御霊は生きている者の祈りで浄め高められるとされています。**幽界は近い場所にありますが目には見えません。ただし、向こうからは現世《げんせ》の事がお見通しとされています。御魂の安定と今後の御加護を神様にお願いするのです。**

【祝詞の訳文】

（この神棚にお鎮まりになる）言葉に掛けて申し上げるのも恐れ多い、大神様の御前に謹《つつし》んで申し上げます。世の中に禍津日《まがつひ》の神による不吉なことがたくさんある中で、世の中の当たり前とはいえ、人が死ぬことほど悲しいものはないでしょう。〇〇〇〇は、このたび〇〇のことによって（年老いて病気が重なり、長い間病床に伏せっていましたが・思いがけずに〇〇の事故に遭って）この現世《げんせ》を去って幽界《ゆうかい》に行くことになり（行くと聞いて）、（今、穢《けが》れにかかったので神様の大前に隔ての紙を引き垂れ、）悲しみの中に声も小声で申し上げることをお聞き届けください。気持ちも空《むな》しく残念で、幽界に行かれた〇〇〇〇の御霊がますますあの世で浄まり、御霊として高まるようお祈りし、また、深い悲しみの中にこの世に残された者の上をもお恵みくださり、大海に漂う船が行方も知れないように心細い身の上をお導きください。気持ちを奮い起こして悲しみを越え、もとの日常の生活にお戻しくださいと、かしこまって申し上げます。

【コラム】神饌《しんせん》のお供えのしかた

宮型の前にはお供えをする神具として、遠山三方《とおやまさんぼう》や水器《すいき》・土器《かわらけ》、神酒《みき》を供える瓶子《へいし》が必要となります。これらのものは、宮型の購入時に一括して求めるとよいでしょう。御神前には、洗米・塩・水の三品をこの順（神棚に向かって、中央→右→左）に三つの神具でお供えします。

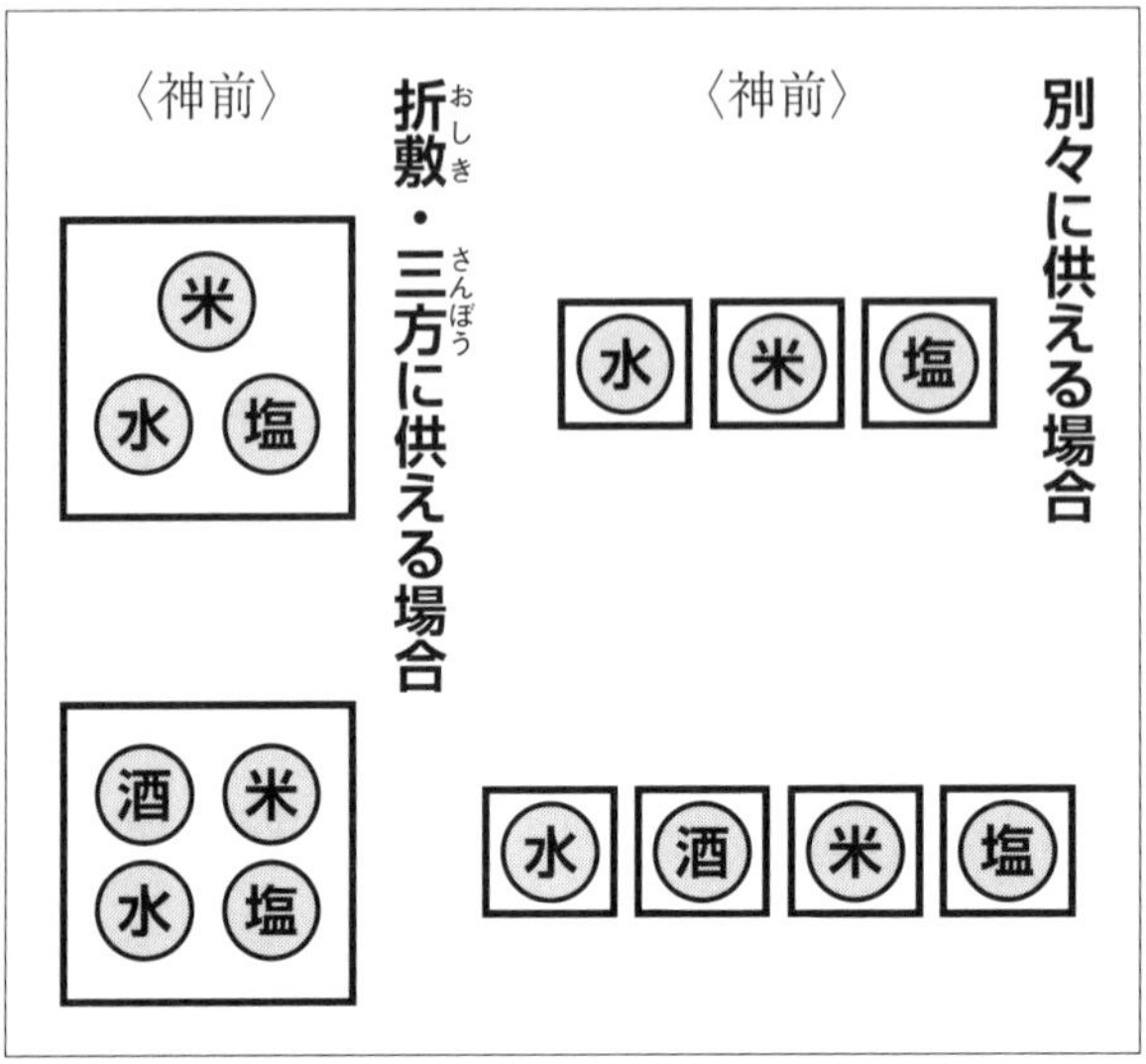

米と塩は別々に土器に盛りますが、米は事前に洗って乾燥させておき、山形に盛ります。

塩は食塩（塩化ナトリウム）ではなく、海の塩（荒塩）がよく、これも山形に盛ります。塩を山形に盛る盛器も神具店にあります。

水は水器に入れてお供えし、祈願するときには蓋をとります。

神酒は瓶子に入れて神前の左右にお供えしますが、これも祈願の時には蓋をとります。

神饌はお供えしたあとにお下げして、家族でいただきます。それが神様の御魂をいただくことにつながります。

第三章　病気平癒関係の祈願

現代はさまざまな疾病《しっぺい》に罹患《りかん》したり、新たな感染症が流行するという大きな問題を抱えています。高齢化による病気の悩みも切実です。神社での祈願は病気平癒祈願のみであり、それぞれ具体的な病名の祈願はできません。家の神様にならば気兼ねなく具体的な病状をお知らせし、御加護を祈ることができます。また、平癒した場合は、必ずその感謝のお知らせも必要となります。

1 安眠祈願

——日々のストレスなどで眠れない不安を取り除きます

（これの神床《かむとこ》に鎮《しず》まります）掛《か》けまくも畏《かしこ》き大神《おおかみ》たちの御前《みまえ》に恐《かしこ》み恐みも白《もう》さく。

世に様々《さまざま》なることのいでくるにより、憂《う》きことの重なりて心萎《な》えて休まらぬことの多くなりゆき、安《やす》寝《い》ならずに夜《よ》も夜《よ》もすがらあれこれと思ひ《い》悩み、さては体に障《さわ》ることも重なり、暮《く》らしのたつきも覚束《おぼつか》なくなりぬ。かれこの由《よし》を告《つ》げ奉《まつ》り拝《おろが》み奉《まつ》るさまを聞《きこ》し召《め》して、大神たちの御魂《みたま》の幸《さきわ》はひ《い》給《たま》ひ《い》て、我が悩む心の憂《う》きことを取り除《の》かせ給ひ《い》、誤れるを正し乱るるを直《なお》し、守《まも》り恵み幸《さきわ》ひ《い》給へ《え》と恐《かしこ》み恐みも（乞《こ》ひ《い》のみ奉《まつ》らくと）白《もう》す。

【祝詞の解説】

現代はさまざまなストレスから悩みごとが多く、安眠が妨げられることがあります。不安は体調に異変をきたし、生活も乱れてしまいます。神様にお願いをして、この不安を取り除いていただき、清々《すがすが》しい気持ちで毎日を過ごしましょう。

【祝詞の訳文】

（この神棚にお鎮まりになる）言葉に掛けて申し上げるのも恐れ多い、大神様の御前に謹《つつし》んで申し上げます。世の中にさまざまなことが起きて、嫌なことが重なり、心が萎《な》えて気持ちが休まらないことも多くなります。そのため、安眠できずに一晩中思い悩み、体調に支障が生じることが多く、生活に不都合が起きてきました。そこでこのことを御奉告申し上げ、お願いすることをお聞き届けください。大神様たちの御魂《みたま》の御加護が盛んになられて、私が悩み、心配することをお取り除きください。間違いを正し、混乱しているものをお見直しくださり、お守り、お恵み、御加護をいただきたいと、かしこまって（お願い）申し上げます。

2

血圧平癒祈願

——血圧が高い方は神前に薬を供えてからこの祝詞をあげます

（これの神床《かむとこ》に鎮《しず》まります）掛《か》けまくも畏《かしこ》き大神《おおかみ》たちの御前《みまえ》に恐《かしこ》み恐みも白《もう》さく。

（体の老いの表れなるか・暮しの乱れによるものか）常日頃《つねひごろ》血圧《けつあつ》の高きさまにて、ややもすれば日々《ひび》の暮らしの妨《さまた》げになるとて、医師《くすし》の教へ《え》のままに薬をたまは《わ》り、酒《ささ》をば控《ひか》へ《え》、食《た》ぶる物をも制限し、心も身をも正しく清く保ちゆかむ《ん》とするままに、なほ《お》怠《おこた》りもあるやもと大神たちの幸御魂《さきみたま》を乞《こ》ひ《い》ねぎ奉《まつ》らくと（処方の薬を供《そな》へ《え》奉《まつ》り）拝《おろが》み奉《まつ》るさまを聞《きこ》し召《め》して、血の巡《めぐ》りを正し、血圧《けつあつ》を整へ《え》しめ、玉《たま》の緒《お》の命《いのち》は長く有らしめ給《たま》ひ《い》、大いなる幸を垂《た》れたまへ《え》と恐《かしこ》み恐みも白《もう》す。

【祝詞の解説】

加齢や運動不足によって、血圧の数値が高くなるという悩みをお持ちの方もいます。血圧を下げる薬を処方された時には、**その薬を神前に供えて**体調の安泰を祈ります。

【祝詞の訳文】

（この神棚にお鎮まりになる）言葉に掛けて申し上げるのも恐れ多い、大神様の御前に謹《つつし》んで申し上げます。（体が老いたためでしょうか・生活の乱れが原因でしょうか）いつも血圧が高くなって、どうかすると毎日の生活の支障になるため医師の教えに従って薬をいただきました。酒を控え目にし、食物も制限して、心身を正し、清らかな気持ちを維持して生活していくことにしましたが、それでも怠りがあるのではないかと思い、大神様たちの幸せをもたらしてくださる御魂《みたま》に申し上げます。（処方された薬をお供え申し上げて）お願い申し上げることをお聞き届けくださり、血の巡《めぐ》りを正し、血圧を安定させて長命をいただき、大きな幸せをお与えくださいと、かしこまって申し上げます。

3 花粉症平癒祈願 ——つらい花粉症を克服するために祈りを捧げます

（これの神床《かむとこ》に鎮《しず》まります）掛《か》けまくも畏《かしこ》き大神《おおかみ》たちの御前《みまえ》に恐《かしこ》み恐みも白《もう》さく。

梓弓《あずさゆみ》春のおとなひ《い》となれば、世は心安《うらやす》らぐに、我は日に日に憂《うれ》ひ《い》の深まるは、この花粉症といふ《う》病《やまい》のためにこそあれ。今年またその季節《とき》のめぐりきて、先《さき》つ頃《ころ》より目のむづ《ず》かゆく、鼻のむづ《ず》かり、心悩ましきさまのうち続きて、日々の暮らしの、うとましきものから、（処方の薬を供《そな》へ《え》奉《まつ》り）今《いま》し大神たちの大御稜威《おおみいつ》を蒙《かがふ》り、これの花粉症にうち克《か》ち、治《おさ》めしめ給《たま》へ《え》と拝《おろが》み奉《まつ》るさまを聞《きこ》し召《め》して、障《さわ》ることなく辛《つら》きことなく身も健《すこ》やかに過ごさせ給へ《え》と恐《かしこ》み恐みも白《もう》す。

【祝詞の解説】

花粉症は、もはや国民病とまでいわれています。春先がことにひどいですが、今や一年中に起こる状況で、苦しんでいる方も多く見受けます。処方された薬を神前にお供えして祈願をこめます。

花粉症の流行はここ二十年くらいでしょうか。さまざまなアレルギーの問題が取り沙汰されてきた中で、国民病のようになりました。花粉症は春先の杉花粉に基づくと言われており、戦後の荒廃した山に杉の苗を植えたことが原因ではないか言われています。現在では杉以外の花粉もあり、また、春だけではなく一年中つらい思いをしている状況です。『日本書紀』に「素盞鳴尊《すさのおのみこと》の髯が杉になった」とあり、その子の五十猛命《いたけるのみこと》が山に樹種を播いたという神話が記されています。

【祝詞の訳文】

（この神棚にお鎮まりになる）言葉に掛けて申し上げるのも恐れ多い、大神様の御前に謹《つつし》んで申し上げます。

春がやってくると世の中の人々の心はほっとしますが、私が毎日毎日、気持ちが塞《ふさ》いで嫌な思いになるのは、この花粉症という病気によるものです。今年もまたその季節がやってきて、この前から目がかゆく、鼻がむずむずして悩ましい日が連続し、日常生活もぼんやりと嫌になってしまいます。（処方された薬をお供え申し上げ）今、大神様たちのお力をいただいて、この花粉症を克服してお治しくださいというお願いをお聞き届けになられ、生活に支障や嫌なこともなく身体健全に過ごさせくださいと、かしこまって申し上げます。

4 夜泣き（疳《かん》の虫《むし》）防止祈願

——子供の夜泣きが続くとき、疳の虫を追い出します

（これの神床《かむとこ》に鎮《しず》まります）掛《か》けまくも畏《かしこ》き大神《おおかみ》たちの御前《みまえ》に恐《かしこ》み恐みも白《もう》さく。愛《は》しきわが子の（名前）〇〇の、月日とともに生《お》い育《そだ》つは、神のみ恵《めぐみ》によるものと畏《かしこ》み奉《まつ》るものの、いかなることにかあらむ、何処《いずこ》からか疳《かん》の虫《むし》の寄り付き、生い育つがままに夜《よ》は夜《よ》もすがら、泣きいさちり苦しむを、哀《あわ》れに辛《つら》しと見そなは《わ》して、治《なお》し給《たま》ひ《い》、助け給へ《え》と拝《おろが》み奉《まつ》るさまを聞《きこ》し召《め》して、大神たちの大御恵《おおみめぐみ》をこの子の上に蒙《かがふ》らしめ給ひ《い》、体のいづ《ず》こかに宿《やど》る疳《かん》の虫《むし》を討《う》ち平《たい》らげ追ひ《い》出し給ひ《い》、安《やす》けき眠りに導き給へ《え》と、恐《かしこ》み恐みも（乞《こ》ひ《い》のみ奉《まつ》らくと）白《もう》す。

【祝詞の解説】

生まれたばかりの幼児の体調の変化は、親でもよくわかりません。疳の虫によって起こるとされる夜泣きは成長過程の通過点ですが、世話をする親としてはできれば避けたいものです。お子様へ愛情を注ぎ、健やかな成長を祈り、夜泣き防止の祈りをささげます。

【祝詞の訳文】

（この神棚にお鎮まりになる）言葉に掛けて申し上げるのも恐れ多い、大神様の御前に謹《つつし》んで申し上げます。愛らしい我が子〇〇が、月日とともに成長していくのは、神様の御加護によるものと感じております。しかし、どうしたことでしょうか。どこからか疳の虫がやってきて、成長するに従い毎晩、夜泣きをして泣き苦しんでおります。これをかわいそうだ、辛いことだと思われて、大神様の御加護をいただきお治しください、お助けくださいとお願い申し上げます。これをお聞き届けくださり、大神様たちの御加護をこの子の上におかけくださ い。体のどこかにいる疳の虫をやっつけて追い出してくださり、穏やかな眠りにお導きくださいと、かしこまって（お願い）申し上げます。

5 子供の病気平癒祈願

――子供の病気平癒を神様にご祈願しましょう

（これの神床《かむとこ》に鎮《しず》まります）掛《か》けまくも畏《かしこ》き大神《おおかみ》たちの御前《みまえ》に恐《かしこ》み恐みも白《もう》さく。うつし世《よ》に様々《さまざま》の悩みや苦しみのある中《うち》に、愛《うつ》くしき子の病《やまい》に苦しむことを見るほど悲しく辛《つら》きことはなし。こたび我が子○○○○、○月ころよりややにいたづき《ず》のいできて、いかなる禍《まが》つ日神《ひのかみ》の仕業《しわざ》なりけむ、いとあつしくなりゆき思ひ《い》悩むと、拝《おろが》み奉《まつ》るさまを哀れと聞《きこ》し召《め》して、顕《うつく》しき青人草《あおひとくさ》の憂《う》き瀬《せ》に落ちて、あつかひ《い》悩むを助け給《たま》ひ《い》救ひ《い》給はむ《ん》との神の御教《みおしえ》へのまにまに、諸々《もろもろ》の病《やまい》を治《おさ》むる医薬《くすし》の道のこまやかに、薬の験《しるし》のいちはやくに顕《あらわ》れて、病《やまい》の床に苦しみいたづき《ず》、長く患《わずら》ひ《い》伏すこともなく、日々の暮らしの障《さわ》ることなく、心も身をも軽《かろ》やかになし幸《さきわ》ひ《い》給ひ《い》、再びまたかかる病《やまい》に罹《かか》ることなく夜《よ》の守《まも》り日《ひ》の守《まも》りに守《まも》り恵み幸《さきわ》ひ《い》給へ《え》と恐《かしこ》み恐みも（乞《こ》ひ《い》のみ奉《まつ》らくと）白《もう》す。

【祝詞の解説】

子供が病気で苦しむ様子は、親として堪《た》えがたい思いです。ことに難病などの場合は神様にお祈りをして、少しでも早く治癒《ちゆ》するよう毎日その御加護を祈ります。

【祝詞の訳文】

（この神棚にお鎮まりになる）言葉に掛けて申し上げるのも恐れ多い、大神様の御前に謹《つつし》んで申し上げます。現実の世にさまざまな悩みや苦しみがある中で、愛らしい子供が病気に苦しむのを見るほど悲しく辛いことはありません。このたび我が子〇〇〇〇は、〇月ごろより次第に病気がちになっていきました。どのような悪い神の仕業だったのでしょう。病状がたいへん重くなっていくのを思い悩み、お願いする姿を気の毒であるとお聞き届けください。「生きる人々が憂《うれ》えに沈《しず》み、看病に苦労するのをお助けなさる」との神様の御教えのままに、諸々の病を治す医薬の道の効果が細やかにはっきりと早くにあらわれて、病気に臥《ふ》せって苦しみ、長く患うことなく、日常の生活に支障が出ることなく、心身の負担も軽くしてください。また再びこのような病気に罹ることがないよう夜も昼もお守りお恵みくださり、幸せにさせてくださいと、かしこまって（お願い）申し上げます。

6

不登校直り祈願

——学校へ行きたくない我が子の気持ちに寄り添います

（これの神床《かむとこ》に鎮《しず》まります）掛《か》けまくも畏《かしこ》き大神《おおかみ》たちの御前《みまえ》に恐《かしこ》み恐みも白《もう》さく。水《みず》行《ゆ》く川の流れに淀《よど》み滞《とどこお》ることもあるがごとくに、くれたけの世の開け行き進みゆく中にも、なかなかなることもいでくるものにて、いかなる禍《まが》つ日神《ひのかみ》の仕業《しわざ》なるやも、我《わ》が子（おのが組なる）○○○○は、○○の学び舎《や》に励《はげ》み勤《いそ》しみきたれるも、いかがせしや、いかがありけむ、このごろややに心地《ここち》損《そこ》なひ《ぃ》家に籠《こも》り、学びの道に怠《おこた》りのいできたりぬ。たらちねの親の心つくしも叶《かなわ》はず、（担任我《われ》の案ずるも通《つう》じず）身もたな知らに悩み苦しむさまを、いかで除《の》かしめ給《たま》へ《え》と、ただただに拝《おろが》み奉《まつ》るさまを聞《きこ》し召《め》して、この○○の上を撫《な》で給ひ《ぃ》、恵み給ひ《ぃ》て、むらぎもの心を晴らし、行く末の道を照らし導き給ひ《ぃ》、心に閉ざす天《あま》の岩戸《いわと》を押し開きて、明かり輝き満ち足《た》らは《わ》しめ給へ《え》と恐《かしこ》み恐みも（乞《こ》ひ《ぃ》のみ奉《まつ》らくと）白《もう》す。

【祝詞の解説】

さまざまな心の病が、ふとしたきっかけから起こる時代になりました。いじめの問題などもあって、学校への不登校が大きな社会問題になっています。本人はどうしたらよいのかわからない状況である一方、保護者は学校へ何とか行ってほしいと願う、この溝の深さに家庭内は落ち着きません。教員であった時代に多くの不登校生を見守り、この祝詞をあげてきましたが、解決は半分程度で、生徒にしかわからない満たされない何かがあるようです。神様に祈り、相談して神の御意思を聞いてみることが解決の糸口になることでしょう。

【祝詞の訳文】

（この神棚にお鎮まりになる）言葉に掛けて申し上げるのも恐れ多い、大神様の御前に謹《つつし》んで申し上げます。川の流れにも淀《よど》みがあって滞《とどこお》ることがあるように、世の中が進歩していくに従い、よくわからないことも出てくるものです。どのような悪い神様の仕業でしょうか。我が子（私のクラスの）〇〇〇は、〇〇学校で勉強してきましたが、どうしたことか、何かあったのでしょうか、近頃次第に気分を害して家に籠《こも》りがちになって勉強不足が目立ちます。親は心を尽くしてみるもののうまくゆかず、（担任である私の心配もわからず）周囲が見えないほど真剣に悩み苦しむ原因を取り除いてくださいと、ひたすらこのお願いをお聞き届けください。そして、この〇〇の身の上をお撫でいただきお恵みくださって、心晴れ晴れとし、これからの将来をはっきりと定めさせ、お導きください。天の岩戸を開かせ、明るい輝きに満たせてくださいと、かしこまって（お願い）申し上げます。

7 鬱症状祓除《うつしょうじょうはらいよけ》祈願 ——新たな気持ちの切りかえのきっかけに

（これの神床《かむとこ》に鎮《しず》まります）掛《か》けまくも畏《かしこ》き大神《おおかみ》たちの御前《みまえ》に恐《かしこ》み恐みも白《もう》さく。

この頃○○○○、日々《ひび》の暮らしのたつきの、もの忙しく、体も心も疲れに疲れ、ややに心にぬばたまの黒雲《くろくも》かかり、なべて物憂《う》きさまになりゆき、いたづ《ず》きのまさりゆくを、いかがはせむと思ひ《い》に思ひ《い》悩みに悩みて、大神等《たち》に助け給へ《たまえ》と、拝《おろが》み奉《まつ》るさまを聞《きこ》し召《め》して、大御恵《おおみめぐ》みを垂《た》れ給ひ《い》、恩頼《みたまのふゆ》を蒙《かがふ》らしめ給ひ《い》、苦しみの憂《う》き瀬《せ》に沈む心を祓へ《はらえ》給ひ《い》清め給ひ《い》、悩める心を癒《いや》し給ひ《い》救ひ《い》給ひ《い》て、常に大神等《たち》の御守《みまも》りのままに元のごとき常の暮らしに立ち返らしめ給へ《え》と恐《かしこ》み恐みも（乞《こ》ひ《い》のみ奉《まつ》らくと）白《もう》す。

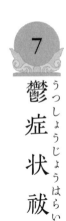

【祝詞の解説】

現代社会は、さまざまなストレスを抱えています。これからはSNSの使い方を始め、ストレスと向き合って生きていく時代となっています。心が折れてしまうようなことが起き、成人の引き籠《こも》りや、薬物使用などが社会問題となっています。神棚をお祀りし、神様と御一緒の生活をすることによって不安が解消されたりします。一人で悩まずに祈りを捧げましょう。

【祝詞の訳文】

（この神棚にお鎮まりになる）言葉に掛けて申し上げるのも恐れ多い、大神様の御前に謹《つつし》んで申し上げます。この頃、私〇〇〇は日常の生活が忙しく、体も心も疲れ果て、次第に心に雲がかかるように塞《ふさ》いできて、なにごとも物憂《ものう》く面倒くさくなって苦労が増えました。これをなんとかせねばと思い悩み、大神様たちにお助けくださいとお願い申し上げますので、お聞き届けください。大御恵をいただき、御魂の御加護を蒙らせてくださり、苦しく嫌な気持ちに沈む心をお救いくださり、悩んでいる心を癒してお救いください。いつも大神様たちの御守りに任せ、以前のように普通の生活にお戻しくださいと、かしこまって（お願い）申し上げます。

8 難病平癒祈願 ――ひたすら、神様に難病の治癒を乞い願います

（これの神床《かむとこ》に鎮《しず》まります）掛《か》けまくも畏《かしこ》き大神《おおかみ》たちの御前《みまえ》に恐《かしこ》み恐みも白《もう》さく。うつし世《よ》にある人の玉《たま》の緒《お》の命は長く、心も身をも健《すこ》やかにあらむと願《ねが》ふものの、世にあまたの病《やまい》のありて、大きなる障《さわ》りとなることも、いでくるものかも。こたび○○、○月ころよりややにいたづ《ず》きのいできて、いかなる禍《まが》つ日神《ひのかみ》の仕業《しわざ》なりけむ、いとあつしくなりゆき、医師《くすし》の見立ては○○病とかや言《う》ふ。かれこの由《よし》を告《つ》げ奉《まつ》り拝《おろが》み奉《まつ》るさまを聞《きこ》し召《め》して、薬の効き目こまやかにはやはやと顕《あらわ》れて、病《やまい》の床《とこ》に長く伏すこともなく、日々の暮らしの障《さわ》ることなく、心も身をも軽《かろ》やかになし幸《さきわ》ひ給《たまい》ひ、再びまたかかる病《やまい》に罹《かか》ることなく夜《よ》の守《まも》り日《ひ》の守《まも》りに守《まも》り恵み給へ《え》と恐《かしこ》み恐みも（乞《こ》ひ《い》のみ奉《まつ》らくと）白《もう》す。

【祝詞の解説】

あらゆる病気に罹患《りかん》するような時代です。本人や家族には思ってもみなかったことで、驚きと恐れが織りなす複雑な心境となります。神様にそのことをお知らせして、病気の平癒を祈ります。科学や人智《じんち》を超えた神の恩恵を授かりましょう。

【祝詞の訳文】

（この神棚にお鎮まりになる）言葉に掛けて申し上げるのも恐れ多い、大神様の御前に謹《つつし》んで申し上げます。現実の世界に生きる人は、命長く心も身も健やかにありたいと願うのですが、世の中にはたくさんの病気があって、生活に大きな支障になることも出てくるものです。このたび〇〇は、〇月ころより次第に病気がちになってきました。これは、どのような悪い神の仕業でしょうか。たいへん重くなってきて、医師の見立てでは〇〇病だといいます。それでこのことを御奉告いたしますので、お願い申し上げることをお聞き届けください。飲む薬の効き目もはっきりと早くあらわれ、病床に長く伏すことなく、日常生活に支障なく、心も身も軽やかにしてくださり、再びこのような病気に罹《かか》ることがないように夜も昼もお守りお恵みくださいと、かしこまって（お願い）申し上げます。

9 入院手術平癒祈願

——入院前に心をこめて無事手術が終わることを祈ります

（これの神床《かむとこ》に鎮《しず》まります）掛《か》けまくも畏《かしこ》き大神《おおかみ》たちの御前《みまえ》に恐《かしこ》み恐みも白《もう》さく。うつし世《よ》にある人の玉《たま》の緒《お》の命は長く、心も身をも健《すこ》やかにあらむ《ん》と願ふ《う》ものの、世にあまたの病《やまい》のありて、大きなる障《さわ》りとなることもいでくるものかも。こたび○○○○、○月ころよりややにいたづ《ず》きのいできて、いかなる禍《まが》つ日神《ひのかみ》の仕業《しわざ》なりけむ《ん》、いとあつしくなりゆき、医師《くすし》の見立ては○○病とて、○○病院に入りて○○（部位）の手術を受くることとはなりぬ。かれこの由《よし》を告《つ》げ奉《まつ》り拝《おろが》み奉《まつ》るさまを聞《きこ》し召《め》して、医師《くすし》の手際《てぎわ》も滞《とどこお》ることなく、看護《みとり》の乙女男子《おとめおのこ》の見守《まも》り厚く、薬の効き目の正目《まさめ》に顕《あらわ》れ、定められたる日数《ひかず》のうちに、はやはやに退院させ給《たま》ひ《い》、病《やまい》の床に長く伏すこともなく、日々の暮らしに障《さわ》ることなく、心も身をも軽《かろ》やかになし幸《さきわ》ひ《い》給ひ《い》、夜《よ》の守《まも》り日《ひ》の守《まも》りに守《まも》り恵み給へ《え》と恐《かしこ》み恐みも（乞《こ》ひ《い》のみ奉《まつ》らくと）白《もう》す。

【祝詞の解説】

病気での入院はたいへんな出来事です。まして手術入院となると、本人も家族も気が重いものです。少しでも気分を楽にするため、神様に相談してお祈りします。不安の解消に少しでも役立つと思います。

【祝詞の訳文】

（この神棚にお鎮まりになる）言葉に掛けて申し上げるのも恐れ多い、大神様の御前に謹《つつし》んで申し上げます。

現実世界に生きる人は、命長く、心も身も健やかにありたいものだと願うけれど、世の中にはたくさんの病気があって、生活に大きな支障となることがあります。このたび○○は、○月ごろより次第に病気がちになりました。これはどのような悪い神の仕業でしょうか、たいへん重くなってきて、医師の見立てでは○○病とのことで、○○病院に入院して手術を受けることになりました。それでこのことを御奉告いたしますので、お願い申し上げることをお聞き届けくださ い。医師の手際もよく、看護師の看病も手厚く、飲む薬の効能もはっきりとあらわれて、予定の入院期間のうちに早く退院させてください。病床に長く伏すことなく、日常生活に支障なく、心も身も軽やかにしてください。再びこのような病気に罹《かか》ることがないように、夜も昼もお守りお恵みくださいと、かしこまって（お願い）申し上げます。

10 病気平癒報賽《ほうさい》

——病気が治ったら、まず神様に感謝のご奉告をしましょう

（これの神床《かむとこ》に鎮《しず》まります）掛《か》けまくも畏《かしこ》き大神《おおかみ》たちの御前《みまえ》に恐《かしこ》み恐みも白《もう》さく。

去《いぬ》る○月頃より、○○○○、○○病に罹《かか》りて悩み苦しみきたれるも（○○病に罹りて入院して手術を受けたるも）、常《つね》も常も大神等《たち》の恩頼《みたまのふゆ》を蒙《かがふ》れるによりて、薬の効き目もはやはやに顕《あらわ》れ、身も軽く心も穏《おだ》しく、元のごとく健《すこ》やかなる体《からだ》と、なし幸ひ《さきわい》給へ《たまえ》るによりて、今し喜び嬉《うれ》しみ、返り申《まお》しの御祭仕へ《つかえ》奉《まつ》るとして、御饌神酒《みけみき》供へ《そなえ》奉《まつ》りて拝《おろが》み奉《まつ》るさまを聞《きこ》し召《め》して、今も行く先も大神等《たち》の大御稜威《おおみいつ》をいや遠永《とおなが》に蒙《かがふ》らせ給ひ《い》、再びまたかかる病《やまい》に患ふ《わずらう》ことなく、夜《よ》の守《まも》り日《ひ》の守《まも》りに守《まも》り恵み給へ《え》と恐《かしこ》み恐みも（乞《こ》ひ《い》のみ奉《まつ》らくと）白《もう》す。

【祝詞の解説】

神様にお祈りしたことで病気が平癒した場合、お供えものをして**御礼と感謝の心を込めてご奉告**をします。祈りの深さが神の意を動かしたのです。聞き届けられない場合は、祈りがまだ足りないのです。

医薬の神様としては大己貴命《おおなむちのみこと》（大国主神《おおくにぬしのかみ》のまたの名）と、少彦名命《すくなひこなのみこと》が真っ先に挙げられます。『日本書紀』本《もと》によれば、この二神は協力して国造りをし、人や畜類のために病気を治す医療や呪術を定めたといいます。居宣長《おりのりなが》は医者でもありましたから、この二神を医薬の神と崇めた長歌を詠んでいます。

【祝詞の訳文】

（この神棚にお鎮まりになる）言葉に掛けて申し上げるのも恐れ多い、大神様の御前に謹《つつし》んで申し上げます。

去る○月頃より、○○○○は○○病に罹《かか》って悩み苦しんできましたが、（○○病に罹って入院して手術を受けましたが）、いつもいつも大神様たちの御魂の恩恵をいただいたおかげで薬の効果も早くに現《あらわ》れ、身も軽く心も穏やかになりました。以前のような健康な体にお戻しくださったので、今は喜び、また、嬉しくて御礼を申し上げるお祭を行うものです。御饌・神酒をお供えし、お願い申し上げることをお聞き届けくださり、これから先も大神様たちの御加護をますます永遠に蒙り、再びこのような病気に罹ることがないよう夜も昼もお守りお恵みくださいと、かしこまって（お願い）申し上げます。

11 認知症除け(ボケ封じ)

——自分自身にボケが起きないよう毎日唱えましょう

(これの神床《かむとこ》に鎮《しず》まります)掛《か》けまくも畏《かしこ》き大神《おおかみ》たちの御前《みまえ》に恐《かしこ》み恐みも白《もう》さく。

年老《としお》いて目のかすみ、足腰《あしこし》の弱くなりて動きの鈍《にぶ》くなるは老《お》い人《びと》の常のことなれども、もの覚《おぼ》えの覚束《おぼつか》なくなることほど憂《う》きものはなし。私○○○○(わが父○○、わが母○○)今年○○歳になるも、いまだ老いたりとは思へ《え》ぬほどに健《すこ》やかなるも、このごろややにもの覚《おぼ》えの定《さだ》かならぬことの出《い》で来て、困《こう》ずることの折々あるを、いかにせましと思ひ《い》悩むにつき、この由《よし》を告《つ》げ奉《まつ》りて拝《おろが》み奉《まつ》るさまを聞《きこ》し召《め》して、大神たちの大《おお》御恵《みめぐみ》を、いやちこに蒙《かがふ》らしめ給《たま》ひ《い》、ものの覚《おぼ》えも明らかに、違《たが》ふ《う》ことなく、忘るることなく、心も身をも健やかに老いて、世のいみじき長人《ながひと》と称《たた》へ《え》らるべくなさしめ給へ《え》と、恐《かしこ》み恐みも(乞《こ》ひ《い》のみ奉《まつ》らくと)白《もう》す。

【祝詞の解説】

人生百年の時代と言われます。健康で何事も自分でできた上での長寿は喜ばれるものですが、病気がちであったり寝たきりの状態では、お祝いをするのも難しい気持ちになります。ことに認知症は、本人の好むと好まざるとにかかわらず、いつ、どのような方でも起こりうる心配があります。毎日、祝詞をあげるなどの単純な作業の繰り返しが、脳に刺激を与え活性化を促します。

【祝詞の訳文】

（この神棚にお鎮まりになる）言葉に掛けて申し上げるのも恐れ多い、大神様の御前に謹《つつし》んで申し上げます。

年老いて視力がぼんやりとし、足腰が弱くなって動作がのろくなるのは老人の常ですが、記憶力がはっきりしないことほど心配なことはありません。私〇〇〇〇（我が父〇〇、我が母〇〇）は今年〇〇歳になり、まだ老人とは思えないくらい健康ですが、このごろ少しずつ記憶がはっきりしないことがあって困っており、どうしようかと思い悩んでおります。このことを御奉告申し上げますので、お願いをお聞き届けになられて大神様たちの大きな御加護をおかけくださいい。記憶もしっかりと、間違ったり忘れたりすることがなく、心も身も健康に老いて、世間からすばらしい長寿の人と褒め称えられるようになさってくださいと、かしこまって（お願い）申し上げます。

12

感染症鎮静祈願

――疫病の流行と感染症を祓い除くために祈りましょう

（これの神床《かむとこ》に鎮《しず》まります）掛《か》けまくも畏《かしこ》き大神《おおかみ》たちの御前《みまえ》に恐《かしこ》み恐みも白《もう》さく。世の開け行くに従ひ《い》、さまざまなる病《やまい》のいでくるものにて、ゆくりなくも外《と》つ国より感《かま》けの疫病《えやみ》の入《い》り来《き》て、をちこちへと勢《いきお》ひ《い》衰《おとろ》へ《え》ることなきままに広《ひろ》ごり、天下《あめのした》の人のもてなやみ草となりもてゆくも、いよよこの村里《むらさと》にもこの災《わざわ》ひ《い》の及ぶと聞きたり。かれこの由《よし》を告《つ》げ奉《まつ》り、拝《おろが》み奉《まつ》るさまを聞《きこ》し召《め》し、大神等《たち》の大御稜威《おおみいつ》いやちこに奮《ふる》ひ《い》まして、五月蠅《さばえ》なす沸《わ》き立ちうまごる、これの疫病《えやみ》を鎮《しず》め給《たま》ひ《い》、祓《はら》ひ《い》除《の》き打ち遣《や》り給ひ《い》て、天下《あめのした》を覆《おお》へ《え》る黒雲《くろくも》を吹き払ひ《い》清め給ひ《い》て、はやはやと常《つね》の穏《おだ》ひ《い》なる暮らしに立ち返らしめ給へ《え》と恐《かしこ》み恐みも（乞《こ》ひ《い》のみ奉《まつ》らくと）白《もう》す。

【祝詞の解説】

感染症が流行すれば、生活がさまざまな制限を受けるなど不自由なことが起きます。各家庭でも感染予防を徹底した上で神様に鎮静の祈願をします。家族から感染症患者を出さないという願いでもあります。

疫病の流行は、古代からありました。十代崇神《すじん》天皇の時に疫病が流行し、天皇は宮中にお祀りしていた天照大御神を別のところへ遷《うつ》し、さらに鄭重に祭祀をされます。これが伊勢の神宮の始まりです。大陸との交流が盛んになると、疫病は交流の窓口のある西から流行してきます。奈良時代から天然痘《てんねんとう》の流行が記録に見え、その後、はしかや疱瘡《ほうそう》、また、江戸時代にはコレラも流行しました。昨今の新型コロナウイルスの流行については、まだ油断はできません。

【祝詞の訳文】

（この神棚にお鎮まりになる）言葉に掛けて申し上げるのも恐れ多い、大神様の御前に謹《つつし》んで申し上げます。世の中が進歩するに従ってさまざまな病気が出てくるものです。予期せぬうちに外国から感染症の疫病が入って勢いが衰えることなく各地に広がり、世の中の人の悩みの原因となって、ついにこの地域にも災いがふりかかる勢いです。それでこのことを御奉告いたしますので、お願い申し上げることをお聞き届けください。大神様たちのお力が著しく現れ、うるさい蝿のように次々に沸きあがり広がるこの疫病をお鎮めください。そして祓い除《のぞ》きどこかへ放り出されて、世の中を覆っている黒雲を吹き払ってお浄めください。早く日常の穏やかな生活にお戻しくださいと、かしこまって（お願い）申し上げます。

13 ペット（愛玩動物）病気平癒祈願

——ペットが病気の時に祈ります

（これの神床《かむとこ》に鎮《しず》まります）掛《か》けまくも畏《かしこ》き大神《おおかみ》たちの御前《みまえ》に恐《かしこ》み恐《かしこ》みも白《もう》さく。

相《あい》ともに長く（〇年）暮らし、常《つね》も常も我が心を癒《いや》し来《きた》れるこれの動物《けもの》〇〇の、このごろやや衰《おとろ》へ《え》（病《やま》ひ《ぃ》の篤《あつ》しくなり）て、いかがしけむ病《やまい》の兆《きざ》しのあれば、取るもの手につかず、身もたなしらに、日々看取《みと》り来《き》つるさまを見そなはし《わ》給《たま》ひ《い》、むらぎもの心づくしに拝《おろが》み奉《まつ》るさまを聞《きこ》し召《め》して、身重《みおも》き病《やま》ひ《い》の〇〇の上を撫で給ひ《い》、恵み給ひ《い》て、薬《くすり》の験《しるし》の早々《はやはや》に顕《あらわ》れて、我の憂《うれ》ひ《い》を速《すみ》やけく消し去り、明日《あした》にも相睦《あいむつ》び、相癒《あいいや》さるる常の暮らしに立ち返らしめ給へ《え》と、恐《かしこ》み恐みも（乞《こ》ひ《い》のみ奉《まつ》らくと）白《もう》す。

【祝詞の解説】

一緒に生活してきたペットが急に病気になった時など、何とかして早く回復してほしいと願うものです。動物病院にも見ていただき、薬をお供えして病気平癒を祈れば、早いうちにそれなりの御加護があることでしょう。

『枕草子《まくらのそうし》』には、中宮定子《ちゅうぐうていし》の周りに猫や犬がいたことが記されています。猫の名は命婦《みょうぶ》のおとど、犬は翁丸《おきなまる》です。『源氏物語《げんじものがたり》』にも、女三宮《おんなさんのみや》が唐猫を飼っていたことが記されています。犬や猫は、平安時代には宮廷でも民間でも飼われていたことがわかります。

【祝詞の訳文】

（この神棚にお鎮まりになる）言葉に掛けて申し上げるのも恐れ多い、大神様の御前に謹《つつし》んで申し上げます。

一緒に長年（〇年間）生活をして、いつもいつも私の心を癒してくれている、この動物〇〇が、このごろ少し衰弱し（病気が重くなっ）ております。どうしたのでしょうか、病気の兆候があるので気が気ではないのです。我が身を顧みないほど真剣に、毎日毎日、看護してきた状況を御覧いただき、懸命に拝《おが》み申し上げることをお聞き届けください。重病の〇〇の上をお撫でくださり、お恵みくださって、薬の効果がはやく現れ、私の心配も速やかに消え去り、明日にも睦みあい、癒されるいつもの生活にお戻しくださいと、かしこまって（お願い）申し上げます。

14 ペット（愛玩動物）死去離別奉告

――悲しみに暮れる日々、この祝詞で心を落ち着かせます

（これの神床《かむとこ》に鎮《しず》まります）掛《か》けまくも畏《かしこ》き大神《おおかみ》たちの御前《みまえ》に恐《かしこ》み恐みも白《もう》さく。相《あい》ともに長く（○年《とせ》）暮らし来《きた》れるこれの動物《けもの》○○の、ややに衰《おとろ》へ（病《やま》ひの篤《あつ》しくなり）て、口惜《くちお》しきかな、悲しきかな、この○月○日もて遂《つひ》に身《み》まかりて、わが心に大きなる風穴《かざあな》の開《あ》きて、空《むな》しきかな辛《つら》きかなと、取るもの手につかぬままに、日々《ひび》過ごし来《き》つるも、この頃《ごろ》やや穏《おだ》ひに心落ち着きたるがゆゑ《え》に、この由《よし》を告《つ》げ奉《まつ》りて拝《おろが》み奉《まつ》るさまを聞《きこ》し召《め》して、身《み》まかれる○○のありし姿の、まなかひに顕《い》ちて《た》は消ゆる家族諸人《うからもろびと》らの心を鎮《しず》めしめ給ひ《い》、また幽界《かくりよ》にての幸を恵み給ひ《たまい》、更《さら》には現世《うつしよ》に残されたる我らの上を、彼《か》が御霊《みたま》の見守《まも》り導き給ふ《う》べく、申《まお》しなし給へ《え》と恐《かしこ》み恐みも（乞《こ》ひ《い》のみ奉《まつ》らくと）白《もう》す。

【祝詞の解説】

犬やペットを飼うことの哀しさは、いつか訪れる死を受け入れねばならないことです。心に風穴があいたような悲しみが収まり、落ち着いたころに神様に奉告します。そして幽界にいるペットの霊の安泰と、残されたわれわれに幸あらんことを祈ります。

【祝詞の訳文】

（この神棚にお鎮まりになる）言葉に掛けて申し上げるのも恐れ多い、大神様の御前に謹《つつし》んで申し上げます。

一緒に長い間（〇年）暮らして来たこの動物〇〇が次第に衰弱し（病気が重くなり）、残念で悲しいことにこの〇月〇日にとうとう死んでしまい、私の心にぽっかりと大きな風穴が空いてしまいました。空しく辛い、何もできない毎日を過ごして来ましたが、この頃やっと穏やかに心も落ち着いてきたので、このことをご奉告いたしましてお願い申し上げることをお聞き届けください。死んだ〇〇の生きていた姿が目の前に現れては消える、家族や世話をした人々全員の心を落ち着かせください。また、（〇〇の）あの世での幸せをお恵みくださり、さらにこの世に残された我らの身の上を彼の御霊がお見守り、お導きくださるように（ペットの霊に）申し上げてくださいと、かしこまって（お願い）申し上げます。

【コラム】忌《き》服《ぶく》について

神祭りは「穢《けが》れ」を嫌います。そのため「祓《はらえ》」や「禊《みそぎ》」をして身を清める必要があります。「穢れ」にはいろいろなものがありますが、その中でも一番重いのが親族の死です。

家族に不幸があった場合、その忌に服することを「忌服」（服忌《ぶっき》とも言う）と言い、神棚の前に半紙大の白紙を貼って垂らします。これは人の死によって、その家が穢れたので、神棚を「穢れ」から隔離するためのもので、一定の期間行います。

忌服は、現代では両親などの近い関係では概《おおむ》ね三十日とされていますが、地域により、また仕事の関係などで差があります。

図は徳川時代の『忌服便覧』（著者所蔵）のもので、大家族であった時代の忌服期間がわかります。なお、親の服喪は一年（十三ヶ月）間ですが、お札は年末にお受けして、喪が明けた時点で神棚にお札をお祀りし、日常の生活に戻ることになっています。

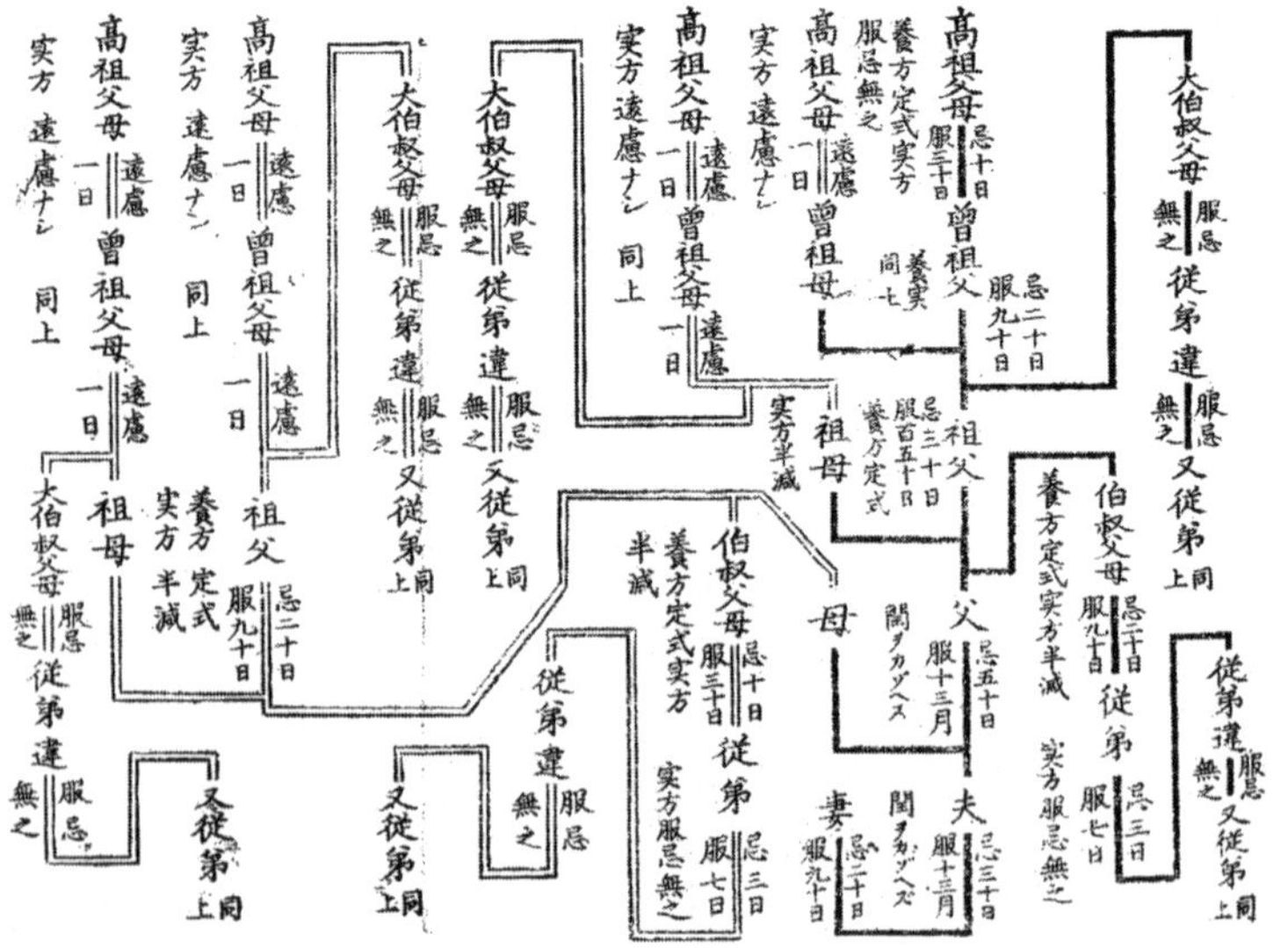

徳川時代の『忌服便覧』（著者所蔵）

第四章　心願成就の祈願

誰にでも、他人には知られたくないことで、しかも、深い悩みごとがあります。神様にぜひ聞き届けてほしいと願うものの、神社に参って祈願するのが憚られる内容もあります。神社に行って祈願する場合は、単に「心願成就祈願」となり、内容を詳しく奏上することはできません。そのような時は、家庭の神様にならい親しみを込めててぃねいに祈願することができます。ここにある祝詞をあげて心から祈れば、それなりの御加護があることでしょう。家庭の神様だから聞き届けてくださるのです。ただし、お願いしっぱなしはいけません。次回のことも考えて、祈願の結果をきちんとお知らせするお礼参り（報賽《ほうさい》）の必要があります。

1 良縁祈願（彼女・彼氏ができる）――きっと結ばれることを信じて祈ります

（これの神床《かむとこ》に鎮《しず》まります）掛《か》けまくも畏《かしこ》き大神《おおかみ》たちの御前《みまえ》に恐《かしこ》み恐みも白《もう》さく。世にあまたの男女《おとこおみな》のある中《うち》に、時には一人もて、あまたの人（男・女）と仲睦《なかむつ》まじくなり、年《とし》久しく続くもあれば、我〇〇〇〇のごとくなかなか縁《えにし》のつくが稀《まれ》にて、結ばれたるも長く続かず、己《おのれ》をかこつ者もあるものなり。なべては大神たちのみよさしによるとはいへ《え》、かかることはよからぬわざにて、悪《あ》しき神の災《わざわ》ひ《い》ならむ《ん》かと、常《つね》も常も思ひ《い》嘆《なげ》くとして、拝《おろが》み奉《まつ》るさまを聞《きこ》し召《め》して、幾度《いくたび》も心を奮《ふる》ひ《い》立たせて、とにもかくにも求め続けむ《ん》と、努《つと》むるさまを見そなは《わ》して、よき男（女）と縁《えにし》を結ばせ給《たま》ひ《い》、光と望みを与へ《え》給へ《え》と恐《かしこ》み恐みも（乞《こ》ひ《い》のみ奉《まつ》らくと）白《もう》す。

【祝詞の解説】

ある年齢になると異性への関心が増すものの、出会いの場がないとか、声をかけづらいなど、良縁（彼女・彼氏ができる）に恵まれない場合もあります。せっかく結ばれても長続きせずに終わることもあります。これには本人の積極性や努力が必要ですが、神様のお導きを祈り、出会いを大切にすることが望まれます。

【祝詞の訳文】

（この神棚にお鎮まりになる）言葉に掛けて申し上げるのも恐れ多い、大神様の御前に謹《つつし》んで申し上げます。

世の中に多くの男女がいる中で、一人で多くの異性と仲良くなって長く続く人もあれば、私〇〇〇〇のように逆に出会いが難しく稀なことや、仮に出会っても長く続かず「自分は不遇だなあ」と嘆く者もいるのです。すべては大神様たちの御計《おはか》らいによるとは言え、このような不公平は良くないことで、悪い神のいたずらなのかといつもいつも嘆息しています。このお願い申し上げる様子をお聞き届けいただき、何度も心を奮い立たせ、「今度は絶対に」と求め続けて努力する姿を御覧いただき、よき男（女）との縁に巡り合わせ、光と望みをお与えくださいと、かしこまって（お願い）申し上げます。

2

良縁祈願（結婚願望）

——良い結婚相手が早く見つかるようにと祈ります

（これの神床《かむとこ》に鎮《しず》まります）掛《か》けまくも畏《かしこ》き大神《おおかみ》たちの御前《みまえ》に恐《かしこ》み恐みも白《もう》さく。ちはやぶる神の導き給《たも》うて、この世に生《う》まれ出《い》でし折に、小指と小指とに赤き糸《いと》糸《いと》結ばれたる二人のありとはいへ《え》、あるは遠きさかひ《い》に、あるは近き所なれど、またあるは勤《つと》めの忙しさなどによりて、出会《いであ》ふ《う》ことの少なく、縁《えにし》の結ばるることの稀《まれ》なることのあるを、いかにせまし、この糸をば手繰《たぐ》り寄せては強く結びつけ給《たま》へ《え》と、朝《あさ》な夕《ゆう》なに拝《おろが》み奉《まつ》るさまを聞《きこ》し召《め》して、大神等《たち》の御魂《みたま》の幸《さきわ》ひ《い》により、まだ見ぬ人とのよき縁《えにし》を結び付け給ひ《い》、わが身に寄り添ひ《い》、互《かた》みに睦《むつ》び助けゆく妻（夫）を巡《めぐ》り合は《わ》しめ給ひ《い》、平《たいら》けき家庭《いえ》を築《きず》かせ、子宝《こだから》を授けさせ給へ《え》と恐《かしこ》み恐みも（乞《こ》ひ《い》のみ奉《まつ》らくと）白《もう》す。

【祝詞の解説】

結婚願望があっても出会う機会がないということがいわれ、結婚相談所が賑わっているとも聞きます。結婚は受け身ではいけません。こちらから積極的になって動くことです。その第一歩が神棚への良縁祈願です。きっと良いお導きがあることでしょう。

【祝詞の訳文】

（この神棚にお鎮まりになる）言葉に掛けて申し上げるのも恐れ多い、大神様の御前に謹《つつし》んで申し上げます。神様のお導きによってこの世に生まれたとき、小指と小指が赤い糸で結ばれた二人がいると言うけれど、あるいは距離の遠近、あるいは仕事の忙しさなどによって二人が出会う機会が少なく、縁がなかなか結ばれないことがあります。そこで、この赤い糸を手繰《たぐ》り寄せて強く結びつけてくださいと、毎日、朝夕にお願い申し上げることをお聞き届けいただきたいのです。大神様たちの御魂の御加護で、まだ会ったことのない人との良縁をしっかりお結び付けください。私に人生の伴侶として互いに睦み助けゆく妻（夫）をお導きくださり、平和な家庭を築き子宝をお授けくださいと、かしこまって（お願い）申し上げます。

3 マッチングアプリによる良縁祈願

――スマホから良縁を探す前に祈ることが大切です

（これの神床《かむとこ》に鎮《しず》まります）　掛《か》けまくも畏《かしこ》き大神《おおかみ》たちの御前《みまえ》に恐《かしこ》み恐みも白《もう》さく。あまたの人の携《たずさ》へ《え》持つスマートフォンはも、様々《さまざま》の機能《しくみ》を持ちたるものにて、この一つもて多くの用をなし得《う》る、まことにいみじきものにこそあれ。しが中《なか》にマッチングアプリとふ《う》人と人との良き縁《えにし》を結ぶ場のありて、赤き糸糸《いといと》を結び繋《つな》ぎ整ふ《う》ると聞けば、我もまたその縁《えにし》に繋《つな》がらむ《ん》と思ひ《い》、今し大前にスマートフォンを供《そな》へ《え》奉《まつ》りて、むらぎもの心づくしに拝《おろが》み奉《まつ》るさまを聞《きこ》し召《め》して、常《つね》も常もよき人と思ひ《い》描く思ひ《い》の人を、大神たちの恩頼《みたまのふゆ》のまにまに導きまして、思ひ《い》もよらぬよき縁《えにし》を結ばせ給《たま》ひ《い》、互《かた》みに好《す》いつ好《す》かれつつ、睦《むつ》び和《なご》む良き人と巡《めぐ》り合は《わ》せ給ひ《い》、果ては幸多《さちおお》き家庭《いえ》を築《きず》き、子宝を授けさせ給へ《え》と恐《かしこ》み恐みも（乞《こ》ひ《い》のみ奉《まつ》らくと）白《もう》す。

【祝詞の解説】

いくつかの良縁祈願の祝詞を挙げましたが、これはスマートフォンにある縁結び機能用のものです。神様に祈ることも重要ですが、自ら行動に移さねば物事は捗《はかど》りません。結婚相談やお見合いの場もありますが、近年は始まりにマッチングアプリによる巡り合いがあるようです。**神棚にスマートフォンを供えてから、**心を込めてお祈りしましょう。

【祝詞の訳文】

（この神棚にお鎮まりになる）言葉に掛けて申し上げるのも恐れ多い大神様たちの御前に謹《つつし》んで申し上げます。
多くの人が利用するスマートフォンには、さまざまな機能があって、この一台で多くの用を済ませうる、すばらしいものです。その中にマッチングアプリという良縁を結ぶ場の機能があり、赤き糸の良縁を結ぶと聞いたので、私もその縁につながろうと思い、スマートフォンを神棚にお供えして心の底からお願いすることをお聞き届けいただきたいのです。いつも思う理想の相手を大神様たちの御加護でお導きくださり、思いのほかの良縁を結んでください。そして、お互いに相思相愛で仲良い相手と巡り合わせていただき、ついには幸せな家庭を築き子供もお授けいただきたいと、かしこまって（お願い）申し上げます。

4 厄除《やくよ》け祈願

——厄を落として平穏な生活をお願いしましょう

（これの神床《かむとこ》に鎮《しず》まります）掛けまくも畏《かしこ》き大神たちの御前に恐《かしこ》み恐みも白《もう》さく。
古《いにしえ》へゆものなべて慎《つつし》むべき年《とし》と言ひ《い》伝へ《え》きたる厄年《やくどし》には、身の内外《うちと》に障《さわ》りあることなどの、ゆくりなくも起《お》こるてふ《ちょう》ことなれば、今年《ことし》（来《こ》む年・去《い》ぬる年）〇〇〇、この年巡《としめぐ》りにあたるとして、大神たちの御稜威《みいつ》を蒙《かがふ》りて、当厄《（本）》（前厄《まえやく》・後厄《あとやく》）除《よ》け祓《はらい》を乞《こ》ひ《ぃ》祈《の》み奉《まつ》らくと、拝《おろが》み奉《まつ》るさまを聞《き》こし召《め》して、知らず知らずのうちに犯せる罪過《あやま》ちをはじめ、積《つも》りに積《つも》り重ねに重ねたる禍事《まがごと》、身の内《うち》のここかしこに潜《ひそ》む病《やまい》などの災《わざわ》ひ《ぃ》を、祓《はら》ひ《ぃ》退《の》け清め給《たま》ひ《ぃ》、大直日神直日《おおなおびかんなおび》に直《なお》びて、清き赤き誠《まこと》の心をいただきて、この一年《ひととせ》も喪《も》なく、ことなくあらしめ給へ《え》と恐《かしこ》み恐みも（乞《こ》ひ《ぃ》のみ奉《まつ》らくと）白《もう》す。

厄年　男性　二五・四二・六一　女性　一九・三三・三七
※この数字は数え年で、満年齢では一歳減じた数になります。

【祝詞の解説】

厄とは何か不吉なもののことで、人生の中で何事もうまくいかない年巡りがあり、それを「厄年」と言ってきました。男女により、古くから言われてきた数え年齢（満年齢ではありません）の前後の年を言います。この年齢は医学的にも体調の変化があるとされ、それに伴うもののようです。**大方は近くの神社に詣で、厄除け祈願をします。**また、その年齢に限らず不吉なことが重なったりした場合にも厄除け・厄落としをして、あわせて神棚にも祈りましょう。

【祝詞の訳文】

（この神棚にお鎮まりになる）言葉に掛けて申し上げるのも恐れ多い、大神様の御前に謹《つつし》んで申し上げます。

昔からあらゆることを慎《つつし》むのがよいと言い伝えられている厄年には、生活に支障のある嫌なできごとが突然起こるということです。今年、（来年・昨年）〇〇〇はこの年巡りにあたるので、大神様たちのお力をいただき当《（本）》厄（前厄・後厄）除け祓をお祈り申し上げます。ここにお願い申し上げることをお聞き届けいただき、知らないうちに犯した罪や過誤を始め、積もりに積もり重なった多くの不吉なことや、身の内のあちこちに潜んでいる病気などの災いを祓いやりお浄めください。曲がったところを正し、清々《すがすが》しい心のもと、この一年も不吉なことなど何事もなく過ごさせてくださいと、かしこまって（お願い）申し上げます。

5 ペット（愛玩動物）購入同居奉告

――小さな命を大事にします。これからもよろしくとご祈願します

（これの神床に鎮まります）掛《か》けまくも畏《かしこ》き大神《おおかみ》たちの御前《みまえ》に恐《かしこ》み恐みも白《もう》さく。

様々《さまざま》に心の荒《すさ》ぶ世にしあれば、愛《め》で慈《いつく》しむ動物《けもの》を身近に飼《か》ひ《ぃ》慣《な》らし親《した》しむことのあるまにまに、こたび○○○○（○○家）においては、新たに○○とふ《う》小《ち》さき（大きなる）を買ひ《ぃ》求め（譲り受け）、親しみもて○○とは名付けて飼ひ《ぃ》育て、愛《め》で親しまむ《ん》とす。かれこの由《よし》を告《つ》げ奉《まつ》りて、拝《おろが》み奉《まつ》るさまを聞《きこ》し召《め》して、この○○と家族《うから》との縁《えにし》と絆《きずな》とを結《むす》ばしめ給《たま》ひ《ぃ》、家に飼ふ《う》月日の増《ふ》え重なるままに、癒《いや》さるる心も弥勝《いやまさ》り、楽しき時も辛《つら》き時も相《あい》ともにありて、愛《め》で慈《いつく》しむ心を満《み》ち足《た》らは《わ》しめ給へ《え》と、恐《かしこ》み恐みも（乞《こ》ひ《ぃ》のみ奉《まつ》らくと）白《もう》す。

【祝詞の解説】

なかなか多忙で、何事にも心配事が多く心が荒《すさ》ぶ時代です。「癒《いや》し」のために、犬や猫をペットとして飼うことが流行しています。家族の一員となるのですから神様に奉告して、新しい家族としての生活が始まります。

【祝詞の訳文】

（この神棚にお鎮まりになる）言葉に掛けて申し上げるのも恐れ多い、大神様の御前に謹《つつし》んで申し上げます。このたびさまざまなことで心が荒《すさ》んでしまう時代ですから、愛玩動物を身近に飼って親しみたいと思います。このたび〇〇〇〇（〇〇家で）は、〇〇という小さい（大きい）動物を新たに買い（譲り受け）、親しみをこめて〇〇と名前を付けて飼育し、かわいがろうと考えました。それでこれを御奉告し、お願い申し上げることをお聞き届けください。この〇〇と家族との縁《えにし》と絆《きずな》とを結ばせていただき、家で飼育する年月が増えれば増えるほど癒される心も次第に大きくなります。楽しい時も辛い時も一緒で、愛し慈しむ心を充足させてくださいと、かしこまって（お願い）申し上げます。

6

いじめ防止祈願（いじめ除《よ》け）

——いじめられることがないよう心を込めて

（これの神床《かむとこ》に鎮《しず》まります）掛《か》けまくも畏《かしこ》き大神《おおかみ》たちの御前《みまえ》に恐《かしこ》み恐みも白《もう》さく。遠《とお》き神代《かみよ》の昔に、大国主大神《おおくにぬしのおおかみ》の悪《あ》しき八十神達《やそかみたち》に、さいなやませらるることのありて、神図《かみはか》りにより助けられまして、後《のち》に大きなる御徳《みいきおい》を足《た》り備《そな》へ《え》給《たま》ひ《い》しことのあれど、今の世にいたるまで、いぢ《じ》めとふ《う》もののやまであるは、いともあぢ《じ》きなきものなり。かくてなほ《お》世のくだちに人心《ひとごころ》の荒《すさ》び、強き者に諂《へつら》ひ《い》弱き者を傷《きず》つくる者のいできて、我《わ》が物顔に振る舞ひ《い》、おのが身を顧《かえり》みぬさまを、いみじとみそなはし《わ》て、学校《まなびや》（職場・会社）にかかる尾籠《おこ》の痴《し》れ者《もの》あらむをば速《すみ》やかに征伐《うちきた》め給ひ《い》、心を痛め損《そこ》なふ《う》こともあらしめず、またおのが身をも正し、ゆくりなき言《こと》の誤ちを直《なお》し給ひ《い》、心安《うらやす》く身も穏《おだ》ひ《い》に日々の学び（勤《つと》め）に励《はげ》まし給へ《え》と拝《おろが》み奉《まつ》るさまを聞《きこ》し召《め》せと、恐《かしこ》み恐みも（乞《こ》ひ《い》のみ奉《まつ》らくと）白《もう》す。

【祝詞の解説】

いじめの根絶は大きな社会問題になっています。『古事記《こじき》』には大国主神《おおくにぬしのかみ》が八十神《やそかみ》たちの迫害を受け、試煉を越えて成長していく神話が描かれていますが、現代日本のいじめ構造には複雑なものがあり、試煉とは別のもののようです。また、ちょっとした一言の誤解が相手を傷つけ悩ませるきっかけになります。**いじめ根絶の祈願は、自分の振る舞いも正すことに**つながります。

【祝詞の訳文】

（この神棚にお鎮まりになる）言葉に掛けて申し上げるのも恐れ多い、大神様の御前に謹《つつし》んで申し上げます。遠い神代の昔に、大国主大神が悪い八十神たちにいじめられることがありましたが、良い神々様の策に助けられて、その後、大きな力を十分に身に付けられました。しかし、神代から現代に至るまで、いじめの問題がなくならないのは、ほんとうに苦々しいことです。そのうえ、世相の変化によって人間の心が荒んで、強者に諂《おもね》り弱者を傷《きず》つける者が出てきて、わがままに行動して反省しないのはひどいありさまです。学校（職場・会社）にこのようなとんでもない者がいるなら、即座にやっつけてください。心を痛めたり傷つくことなく、自分の身を正し、少しの言葉の誤解をお直しいただき、安心、安穏に毎日の学習（勤務）に励ませてくださいと、お願いすることをお聞き届けくださいと、かしこまって（お願い）申し上げます。

7 家出少年(少女)帰宅祈願

——家出した子が無事に我が家に戻りますように

(これの神床《かむとこ》に鎮《しず》まります) 掛《か》けまくも畏《かしこ》き大神《おおかみ》たちの御前《みまえ》に恐《かしこ》み恐みも白《もう》さく。

ちはやぶる神の、子を隠し給ふ《たまう》神隠《かみかく》しと言ふは、古《いにしえ》へゆあるてふ《ちょう》ものなれど、おのが思ひ《い》のままに、家を出《い》で行《ゆ》く子のありて、時によからぬ災ひ《わざわい》に及ぶことのあれば、家族親族《うからやから》の心悩ます種《たね》とはなるらし。こたび○○家の○○、いかなる悪神《あしきかみ》の憑《よ》りつきしか、この○月○日より、この家を出《い》で、いづ《ず》こへ行きにけむ、友らをはじめ警察にも言問ひ《こととい》、探し求むるも定かならず、家族親族《うからやから》の悩みいや深く、疲れもいよよ募《つの》り、いかにか見出《みいだ》し給へ《たまえ》と懇《ねもご》ろに祈《の》み奉《まつ》ると、拝《おろが》み奉《まつ》るさまを聞《きこ》し召《め》して、行《ゆ》きずりの身の、はかなく哀れならば撫で給ひ《い》助け給ひ《い》、喪《も》なく異《こと》なく速《すみ》やけく、これの家に連れ戻し給ひ《い》、再びかかることのなきや《よ》う、悩みの種《たね》を明《あき》らめて、守《まも》り恵み導き給へ《え》と恐《かしこ》み恐みも(乞《こ》ひ《い》のみ奉《まつ》らくと)白《もう》す。

【祝詞の解説】

何かしらの不満があってか、少年少女の家出が増えてきています。親の無関心によるものもあれば、逆に、親の過干渉《かかんしょう》から逃れたいという思いもあるようです。家出はそれだけでは済まされず、そのような少年少女を目当てとする悪い集団もあり、犯罪に巻き込まれることもあります。まず警察に相談し、また、神様にも懇《ねんご》ろに御祈願をして早期の解決を祈ります。再発防止のためには、子供たちの話をよく聞いてあげることも大切なのです。

【祝詞の訳文】

（この神棚にお鎮まりになる）言葉に掛けて申し上げるのも恐れ多い、大神様の御前に謹《つつし》んで申し上げます。神様が子供をお隠しになる「神隠《かみかく》し」が昔からあるということですが、自分勝手に家出をする子がいて、場合によっては犯罪に巻き込まれることもあり、家族・親族の心配の種になるようです。このたび、〇〇家の〇〇は、どのような悪い神が憑《よ》りついたのでしょうか、この〇月〇日から家出をしてしまいました。どこへ行ったのか、友人や警察にも相談し、捜索したのに手掛かりもありません。家族・親族の悩みは深く、疲れもこの上なく溜まり、なんとか見つけていただきたいと熱心にお祈り申し上げます。お願い申し上げることをお聞き届けいただき、放浪の気の毒な身柄であるならお助けください。変なことや嫌なこともなく、速やかに自宅に連れ戻していただき、再びこのようなことが起きないよう家出の原因をはっきりさせますので、お守りお恵み、お導きいただきたく、かしこまって（お願い）申し上げます。

8 （〇〇断ち）願掛け祈願

――好きなものを断ち不退転の決意を誓います

（これの神床《かむとこ》に鎮《しず》まります）掛《か》けまくも畏《かしこ》き大神《おおかみ》たちの御前《みまえ》に恐《かしこ》み恐みも白《もう》さく。

人の世《よ》は、ちはやぶる神のみそなはし導き給ふ《う》かしこきものとは言へ《え》、おのが力もて何事《なにごと》かならざるはなき。こたび我が〇〇〇〇、〇〇のことをせむ（新たに事業を起こさむ《ん》・結婚をせむ《ん》など）と思ひ《い》起こし心に誓ひ《ちかい》て、大神たちの恩頼《みたまのふゆ》を蒙《かがふ》らばやと、この志《こころざし》の浅からぬ証《あかし》として、おのが好みとする〇〇をば、この〇月〇日より〇月《つき》の間《あいだ》断《た》つてふ《ちょう》、〇〇断ちの暮らしをして乞ひ《こい》祈《の》み奉《まつ》ると、拝《おろが》み奉《まつ》るを聞《きこ》し召《め》して、今ゆのち〇月の間、堅石《かたし》の堅《かた》き心、丈夫《ますらお》の強き思ひ《い》もて、断《た》ち難《がた》きを断《た》たむ《ん》と思ひ《い》起こしたる志《こころざし》を目出《めで》給ひ《たまい》助け給ひ《い》て、いかなることのあらむ《ん》とも枉《ま》がることなく、違《たが》ふ《う》ことなく、定めたる掟《おきて》のままに貫《つらぬ》かせ給ひ《い》、大きなる願ひ《い》をなし幸ひ《さきわい》給へ《え》と、恐《かしこ》み恐みも（乞ひ《こい》のみ奉《まつ》らくと）白《もう》す。

【祝詞の解説】

昔から何かの祈願のために、**自分の好物を一定期間断って**「○○断ち」などと称して神様に願をかけることがあります。人間は本来、弱い存在ですから、神様にその強い意志をお示しして、自分の決意の並々ならぬことをお知らせし、お助けを願うことになります。

【祝詞の訳文】

（この神棚にお鎮まりになる）言葉に掛けて申し上げるのも恐れ多い、大神様の御前に謹《つつし》んで申し上げます。

人の世の中とは、神様がやりくりされてお導きになられている畏れ多いものですが、自分の力でできることもあると思います。このたび、私○○○○は○○のことを企画しよう（新たに事業を起こそう・結婚をしよう）と決意して心に誓い、大神様たちの御魂の御加護をいただきたくお願い申し上げます。この志が浅くない証明として、自分の好物である○○をこの○月○日より○月の間やめるという○○断ちをいたします。このような暮らしをしてまでお願いし、お祈りすることをお聞き届けください。今後○ヶ月は堅く心強い意志をもって、断ち難くとも断とうと思い起こした志を認め、お助けください。どんなことがあっても、決意を枉《ま》げたり変えたりすることなく、自分で定めたことを貫徹いたしますので大願を成就させてくださいと、かしこまって（お願い）申し上げます。

9

推しアイドル成功祈願

——私の推しアイドルがこれから活躍できるように

（これの神床《かむとこ》に鎮《しず》まります）掛《か》けまくも畏《かしこ》き大神《おおかみ》たちの御前《みまえ》に恐《かしこ》み恐みも白《もう》さく。

世の人々の耳目《じもく》を集むる芸能人《わざおぎ》とふ《う》、若くいみじき男女《おとこおみな》の、東《ひんがし》に西《にし》に踊り歌ひ《い》集《つど》ふ《う》ことのあるを、あなめでたあなたのしと、追ひ《い》かけ追ひ《い》求めて、わが心の人はも、「推《お》し〇〇」と声高《こわだか》に叫びののしるを、かかることもあるらむ《ん》と、みそなはし《わ》まして、拝《おろが》み奉《まつ》る赤《あか》き心の一筋《ひとすじ》に、思ひ《い》の深さを聞《きこ》し召《め》して、わが願ひ《い》を助け給《たま》ひ《い》導き給ひ《い》、わが推《お》しを叶《かな》へ《え》させ給へ《え》と恐《かしこ》み恐みも（乞《こ》ひ《い》のみ奉《まつ》らくと）白《もう》す。

【祝詞の解説】

「推《お》し」という言葉があって、自分が好意を抱くアイドルやキャラクターを他人に勧めることから、「推し○○」といった社会的な俗語が広く定着しました。これは自分が推すアイドルの成功を祈る祝詞です。

【祝詞の訳文】

（この神棚にお鎮まりになる）言葉に掛けて申し上げるのも恐れ多い、大神様の御前に謹《つつし》んで申し上げます。

世間の人々が注目する芸能人という若くすばらしい男女が、国内のあちこちにコンサートなどを開くのを「あぁすばらしい」「あぁ楽しい」と追っかけをしております。私が第一に「推し○○ですよ！」と声高に叫んで大騒ぎするのを、このようなこともあるのだなぁと御覧ください。このようにお願い申し上げるまっ赤な一筋の心に、並々ではない思いの深さをおわかりいただきたいのです。私の願いをお助け、お導きくださり、「私の推し○○」の成功をお叶えくださいと、かしこまって（お願い）申し上げます。

10 高校野球予選優勝祈願

——野球部の夢である甲子園進出の実現に向けて

（これの神床《かむとこ》に鎮《しず》まります）掛《か》けまくも畏《かしこ》き大神《おおかみ》たちの御前《みまえ》に恐《かしこ》み恐みも白《もう》さく。

夏の風物詩とふ《う》高校野球はも、涙と汗との物語に心を打たれ、県《あがた》々津々浦々の高校の球児どもが、夏盛る甲子園を目指して、四《よ》つの季《とき》、朝夕《あしたゆうべ》に倦《う》まず弛《たゆ》まず体を鍛《きたえ》へ技《わざ》を練り、競《きそ》ひ《い》勤《いそ》しみ励む姿は、まことめでたきものにこそあれ。

こたび我《わ》が子○○○○、高校（一年・二年・三年）野球部員として（こたび我が子の行き通ふ○○高校は）来《きた》る○月○日の県下（都下・道下・府下）の予選大会に勇み出で征《ゆ》くことになりたれば、大神たちの恩頼《みたまのふゆ》を蒙《かがふ》らむ《ん》と拝《おろが》み奉《まつ》るを聞《きこ》し召《め》して、諸共《もろとも》に磨《みが》きたる技の余《あま》すことなく、夏陽《なつひ》射《さ》す球場に、球児らの縦横の繋《つな》がりの固く結ばれ、投げては打ち、打ちては走り、走りては捕《とら》へ《え》、球の送りの素早くつなぎ、またスタンドに笛や太鼓の音とよめかし、応援の声もとどろに、老いも若きも心一つに織りなす綾に、神魂《みたま》幸《さきわ》ひまして、あまたの点を次々に重ねしめ、優勝の栄冠《ほまれ》をば勝ち取らせ給《たま》ひ、涙のうちに校歌歌ひ《い》響かせ、喜びの汗と涙のまにまに、甲子園出場の大きなる夢を正夢《まさゆめ》となし幸ひ《い》給へ《え》と恐《かしこ》み恐みも（乞《こ》ひ《い》のみ奉《まつ》らくと）白《もう》す。

【祝詞の解説】

高校野球部員として所属する我が子を始め、甲子園出場という大きな夢の実現のため深い祈りを捧げます。

【祝詞の訳文】

（この神棚にお鎮まりになる）言葉に掛けて申し上げるのも恐れ多い、大神様の御前に謹《つつし》んで申し上げます。

夏の風物詩となっている高校野球は、毎年、涙と汗との物語に心を打たれ、全国の高校の野球部員が真夏の甲子園を目指し、一年中、がんばって練習をする姿はすばらしいものです。

このたび我が子〇〇は、〇〇高校（一年・二年・三年）野球部員として（私の子が通学する〇〇高校は）、来る〇月〇日の県下（都下・道下・府下）予選大会に出場しますので、大神様たちの御加護をいただきたいという願いをお聞き届けください。長く練習してきた成果をすべて発揮し、暑い球場でも部員の結束は強く、投げ、打ち、走り、捕るなど球を素早くつなぎ、また、スタンドに楽器の音を響かせ、応援することに神様の感応があり、点を次々に取らせ優勝の栄冠を勝ち取らせてください。感動の中に校歌をみんな大声で歌い、喜びのうちに甲子園出場という大きな夢を実現させてくださいと、恐れかしこまってお願い申しあげます。

11 Jリーグ・サッカーチーム応援優勝祈願

——推しのサッカーチームの日本一を応援しましょう

（これの神床《かむとこ》に鎮《しず》まります）掛《か》けまくも畏《かしこ》き大神《おおかみ》たちの御前《みまえ》に恐《かしこ》み恐みも白《もう》さく。青芝《あおしば》の広きグランドに、白黒《しろくろ》の綾《あや》なす球《たま》を逞《たくま》しき若き選手らの蹴《け》りては進み、進みては蹴りて、巧《たく》みの技《わざ》もて球《たま》つなぐ蹴球《サッカー》競技はも、国内《くぬち》の県《あがた》々町々に六十あまりのチームの結ばれ、Jリーグとて日《ひ》の本一《もといち》を賭《か》けて技をば競《きそ》ふものとはなりぬ。かかれば、我が推《お》しの○○チームも出《い》でては闘《たたか》ふことの由《よし》を告《つ》げ奉《まつ》りて、拝《おろが》み奉るを聞《きこ》し召《め》して、大神たちの恩頼《みたまのふゆ》のまにまに、この○○チームの選手たちを日の本一と成し幸《さきわ》ひ《い》給《たま》ひ《い》、選手らの勇《いさ》み闘《たたか》ふその場《にわ》に神魂《かむみたま》 幸《さきわ》ひ《い》給ひ《い》て、蹴り出だす球のいや速《すみやけ》く、隙《すき》なく防《ふせ》ぐキーパーの動き鋭く、つなぎゆく球の滞《とどこお》りなく、揃《そろ》ひ《い》の応援グッズに身を固め、声とどろく中を、いや次々に勝ち抜き打ち破り、日の本一の高き功《いさお》を天輝《あまかがや》かし国輝《くにかがや》かしめ給へと恐《かしこ》み恐みも（乞《こ》ひのみ奉《まつ》らくと）白《もう》す。

【祝詞の解説】

各地域に基盤を持つＪリーグ・サッカーは大きな人気を博し、応援も盛り上がっています。国民的な競技の中で、ここにはＪリーグ・サッカーの優勝祈願をとりあげました。応援へ行く前に神棚に祈願をこめましょう。

【祝詞の訳文】

（この神棚にお鎮まりになる）言葉に掛けて申し上げるのも恐れ多い大神様たちの御前に謹《つつし》んで申し上げます。青い芝の広いグランドに、白黒の柄のボールを逞しく若い選手たちが蹴っては進み、進んでは蹴って、うまい技術でボールを繋いでいくサッカーは、国内の六十ヶ所余りにチームも結成されてＪリーグ日本一を賭けて闘っています。それで、私の推しの〇〇チームが出場することを御奉告いたします。この願いをお聞き届けいただき、大神様たちの御加護のもと、このチームの選手たちを、日本一にしてください。神様のお力をいただいて、蹴るボールは速く、隙なく防禦するキーパーの動きも迅速にボールをつなぎ、また、揃いの応援グッズで大声援をあげる中、次々に勝ち抜いて日本一に優勝させてくださいと、かしこまって（お願い）申し上げます。

12

諸芸上達祈願

——さまざまな芸能や趣味の上達を祈ります

（これの神床《かむとこ》に鎮《しず》まります）掛《か》けまくも畏《かしこ》き大神《おおかみ》たちの御前《みまえ》に恐《かしこ》み恐みも白《もう》さく。

世に様々《さまざま》の道《みち》とふ《う》道のあまたある中に、一つの技《わざ》を身につくることはめでたきことにこそあれ。こたび〇〇〇〇、〇〇の技《わざ》を究《きわ》めむとして、〇〇教室に通《かよ》ひ《い》（〇〇先生につき・〇〇道場に学び・おのれ独《ひと》りもて書物に学び）おのが持てる力を磨《みが》き、技を練り世を渡り世に仕《つか》へ《え》奉《まつ》るたつきとせむ《ん》と、志《こころざし》を立てたる由《よし》を告《つ》げ奉《まつ》り、拝《おろが》み奉《まつ》るさまを聞《きこ》し召《め》して、今《いま》ゆ行《ゆ》く先《さき》も幾多《いくた》の難《かた》きこと辛《つら》きことのあるとも、大神たちの恩頼《みたまのふゆ》のまにまに導き給《たま》ひ《い》て、弛《たゆ》むことなく挫《くじ》けることなく堅《かた》き志《こころざし》を遂《と》げさせ実らせ給へ《え》と、恐《かしこ》み恐みも（乞《こ》ひ《い》のみ奉《まつ》らくと）白《もう》す。

【祝詞の解説】

書道・茶道など、○○道などと称するものがたくさんあります。このような技術を趣味や本業として身につけようとする場合は、やはり神様にお知らせをして一層の御加護を祈ります。趣味として始めたものが大きな収入につながる場合もあります。

【祝詞の訳文】

（この神棚にお鎮まりになる）言葉に掛けて申し上げるのも恐れ多い、大神様の御前に謹《つつし》んで申し上げます。

世の中に、さまざまな○○道という道の数ある中に、一つの技を身につけることはすばらしいことです。このたび○○○○は、○○の技を究めようとして○○教室に通い（○○先生について・○○道場に学んで・自学自習して）自分の持っている力を磨き、技術を向上させ、生活や職業につく手段にしようと志を立てたことを御奉告申し上げます。お願い申すことをお聞き届けいただき、今後、これからたくさんの問題や辛いことがあっても、大神様たちの御魂の御加護のままにお導きください。そして気持ちが弛むことなく、途中で挫折することもなく堅い志を遂げて実らせてくださいと、かしこまって（お願い）申し上げます。

13 夫婦円満祈願

——夫婦の間に隙間が生じたら神様に仲直りをお願いします

（これの神床《かむとこ》に鎮《しず》まります）掛《か》けまくも畏《かしこ》き大神《おおかみ》たちの御前《みまえ》に恐《かしこ》み恐みも白《もう》さく。伊邪那岐《いざなぎ》伊邪那美《いざなみ》の二神《ふたかみ》の御計《みはか》らひ《い》により、夫婦《めおと》の契《ちぎ》りを交《かわ》はせるのち、互《かた》みに支へ《え》仲睦《なかむつ》まじく暮らす中にも、時には誤りのありて思ひ《い》の通《かよ》ひ《い》がたきことも出《い》で来《く》るものなり。今、〇〇〇〇、かかる夫婦の仲違《なかたが》ひ《い》を直《なお》し給《たま》へ《え》と、切《せつ》に乞《こ》ひ《い》願《ねが》は《わ》くと、拝《おろが》み奉《まつ》るさまを聞《きこ》し召《め》して、ややに考へ《え》の差《わいだめ》ありて、日に日に溝《みぞ》の深くなりゆき、諍《あらそ》ひ《い》の続き、家内《やぬち》に吹く隙間風《すきまかぜ》の冷《ひや》ややかなるを元のごとくに戻さしめ給ひ《い》、己《おのれ》の行《おこな》ひ《い》を顧みて、夫《おっと》を妻《つま》をと互《かたみ》に相立《あいた》て、相助《あいたす》けて、仲良き鴛鴦《おしどり》のごとき暮らしに導き給ひ《い》、円居《まどい》の家庭《いえ》となさしめ給ひ《い》、守《まも》り恵み給へ《え》と恐《かしこ》み恐みも（乞《こ》ひ《い》のみ奉《まつ》らくと）白《もう》す。

【祝詞の解説】

夫婦円満な家庭であっても、ちょっとした行き違いやすれ違いがあって、夫婦間に隙間が生じることがあります。鴛鴦《おしどり》夫婦と言われても、夫婦喧嘩の経験がある方もおいでてでしょう。一緒に生活している場合、このような状況は避けたいもので、神様に仲直りをお願いします。

【祝詞の訳文】

（この神棚にお鎮まりになる）言葉に掛けて申し上げるのも恐れ多い、大神様の御前に謹《つつし》んで申し上げます。伊邪那岐・伊邪那美の二神のお導きにより結婚したのち、お互いに支え合い仲良く暮らしていても、場合によっては誤解が生じ、意志疎通が難しくなることがあるものです。今、〇〇〇が、このような夫婦の行き違いをお直しくださいと、切実にお願い申し上げることをお聞き届けいただきたいのです。ちょっとした考え方の違いから次第に夫婦間の溝が深くなり、争いが絶えず冷ややかな風が家の中に吹いておりますが、これが元のように戻りますようお守りください。自分の行動を反省し、夫を妻をとお互いに立てて助け合い、仲良い鴛鴦《おしどり》のように生活するようお導きくださり、平和に暮らせる家庭にしますのでお守りお恵みくださいと、かしこまって（お願い）申し上げます。

14 ギャンブル依存症改善祈願

——強い意志をもって脱却を誓います

(これの神床《かむとこ》に鎮《しず》まります)掛《か》けまくも畏《かしこ》き大神《おおかみ》たちの御前《みまえ》に恐《かしこ》み恐みも白《もう》さく。ちはやぶる神の道《みち》は正しく清き道にして、曲がれるを正し、悪《あ》しきを清める誠の道なれば、日《ひ》の本《もと》の民《たみ》は常に心にかけて、勤《いそ》しみ働きて生活《たつき》の糧《かて》を得《う》るを、暮らしの喜びとし来《きた》れる中《うち》に、賭《か》け事《ごと》といひ《い》て、努《つと》めて得たる宝に儚《はかな》き夢を賭け、一時《ひととき》の幸に酔ひ《い》痴《し》れ、気づけば身を損《そこ》なふ《う》などを度々《たびたび》に繰り返して、辛《つら》き憂《う》き中《うち》にも弱き心に断《た》ちがたき身となり、果《は》ては世渡《よわた》りの術《すべ》を失ひ《い》、あは《わ》れ哀しき身となる習ひ《い》も多きとぞ。この○○○は、長く久しくこの憂《う》き瀬《せ》に沈《しず》み、泥濘《ぬかるみ》になづ《ず》み、ぬばたまの暗き闇路《やみじ》を行きつ戻りつ、抜け出す道も閉ざされて、いかにせましと悩み苦しむを聞《きこ》し召《め》して、身も行《おこな》ひ《い》も悔い改めて、墨縄《すみなわ》の直《なお》き心もて拝《おろが》み誓《ちか》ひ《い》奉《まつ》るを、宜《むべ》なるかなと憐み給《たま》ひ《い》て、闇路《やみじ》に一つ火《び》を灯《とも》し進みゆく標《しるべ》を示し給ひ《い》、神の道を誠の道といただきて、明るき直《なお》き心のもとに新たなる生活《たつき》に導き給へ《え》と恐《かしこ》み恐みも（乞《こ》ひ《い》のみ奉《まつ》らくと）白《もう》す。

【祝詞の解説】

賭け事はちょっとした心の緩《ゆる》みから、次から次へとやめられなくなり、依存症になってしまうことがあります。せっかく築いてきた生活も、これによって台無しになることもあります。この祝詞は依存症から抜け出すために、**自分で強い意志を持つことを神様に誓う**ものです。心を入れ替えることができれば神様は良い方へお導きくださいます。強い意志に神の感応を期待する祈りです。

【祝詞の訳文】

（この神棚にお鎮まりになる）言葉に掛けて申し上げるのも恐れ多い、大神様の御前に謹《つつし》んで申し上げます。

神の道は正しく清い道で、曲がっていることを正し、悪いことを清める誠の道なので、日本の民はいつも心がけて勤勉に働き、生活の糧を得ることを喜びとしてきました。しかし中には、ギャンブルというもので、せっかく努力して得た財産を使い果たし、一時の儲けに目がくらんで気づけば大損をし、それを何度も繰り返してひどい思いをしても弱い心に負けて、まともな生活を失うこともあるのです。私〇〇〇は、ずいぶん長い間、この辛い生活の中を行き来して泥沼から抜け出すことができず悩み苦しんでいることをお聞き届けください。今までの生活を反省してまっすぐな心でお願いしますから、よかろう気の毒な奴だと憐み、進みゆく目標の灯りを闇路に照らしていただき明るい生活にお導きくださいと、かしこまって（お願い）申し上げます。

15 宝くじ 当選祈願

——江戸時代から続く庶民のささやかな夢を託します

（これの神床《かむとこ》に鎮《しず》まります）掛《か》けまくも畏《かしこ》き大神《おおかみ》たちの御前《みまえ》に恐《かしこ》み恐みも白《もう》さく。世に様々のくじのある中に、折々に行はるる宝くじこそ、一ひらの紙にさわなる願ひを込め、人の心の浮き立つものはあらざらめ。こたびまた宝くじの売りいださるる頃とはなりて、日々《ひび》の働きの辛《つら》き中《うち》にも、喜びや夢をも見んとして、今年またこの宝くじを求めたるが故《ゆえ》に、今し大前に供《そな》へ奉《まつ》りて拝《おろが》み奉《まつ》るさまを聞《きこ》し召《め》して、大神たちの大御稜威《おおみいつ》のまにまに、○○万円という大き宝を我が身に恵み給《たまい》ひ、幸《さき》く真幸《まさき》くなさしめたまひ、当《い》たりのくじの漏るることなく落つることなく、よき運を開かせたまへ《え》と恐《かしこ》み恐みも（乞《こい》ひのみ奉《まつ》らくと）白《もう》す。

【祝詞の解説】

宝くじは、人々が長蛇の列になるなど、夢を買おうとする宝くじ人気はさめません。当否は、これぱかりは神の御意思のままにですから、買ってきた宝くじを神棚にお供えして、当選を祈願します。

江戸時代に大きな社寺で「富くじ」が行われました。これが宝くじの始まりです。本来は社殿や堂宇の修復などの費用を集めるためのものでしたが、次第に興行の娯楽的な要素のものとなり、天保の改革で廃止になりました。江戸では三富といい、谷中感応寺《やなかかんのうじ》（現、天王寺。東京都台東区）、湯島天神（別当喜見院《べっとうきけんいん》。同文京区）、目黒不動滝泉寺《りゅうせんじ》（同目黒区）が有名で、富くじを題材にした落語にもなっています。

【祝詞の訳文】

（この神棚にお鎮まりになる）言葉に掛けて申し上げるのも恐れ多い、大神様の御前に謹《つつし》んで申し上げます。

世の中に色々なくじがある中で宝くじは一枚の紙に多くの願いを託して、人の心がソワソワするものです。このたび宝くじが売りだされる頃となりました。毎日の仕事が辛い中で、喜びや夢をも見ようとして今年、またこの宝くじを求めましたので、神様の大前にお供えしてお願い申し上げますことをお聞き届けください。大神様たちのお力に任せて、〇〇万円という大きなお宝を私の身にお恵みくださり、ほんとうに幸いなことにも当たりくじが漏れたり落ちたりせずに運が開けた良い年にしてくださいと、かしこまって申し上げます。

16

宝くじ 当選御礼

――喜びや夢を与えて頂いたことに心から御礼を述べます

（これの神床《かむとこ》に鎮《しず》まります）掛《か》けまくも畏《かしこ》き大神《おおかみ》たちの御前《みまえ》に恐《かしこ》み恐みも白《もう》さく。

あな嬉《うれ》しきやも、あな目出度《めでた》きかも、先に宝くじを供《そな》へ《え》奉《まつ》りて、乞《こ》ひ《い》のみ奉《まつ》りし験《しるし》のいやちこに表れまして、○○宝くじの○等を得さしめ給《たま》ひ《い》、金○円を恵み給へ《え》ることを嬉《うれ》しみ奉《まつ》り忝《かたじけな》み奉《まつ》りて、返《かえ》りごとの吉詞《よごと》告《つ》げ奉《まつ》ると、拝《おろが》み奉《まつ》るさまを聞《きこ》し召《め》して、今も行く先も、弥栄《いやさか》に向栄《むくさか》に幸《さき》く真幸《まさき》く守《まも》り恵み幸《さきわ》ひ《い》たまひ《い》、またの折にもいやちこなる大御《おおみ》恵《めぐみ》を、漏るることなくかけ給へ《え》と恐《かしこ》み恐みも白《もう》す。

【祝詞の解説】

宝くじが見事に当選した場合は、その当選によって得られる金額の多寡は関係なく、神様に心を込めてお礼の奉告をいたしましょう。

天保の改革により廃止になった富くじが復活するのは、戦局も厳しくなった昭和二十年のことで、軍資金の調達のための「勝札《かちふだ》」を発行することになりました。しかしこれは、終戦により断念せざるをえませんでした。次いで、その年の秋には一枚十円の政府宝くじ（一等十万円）が発行され、翌年からは全国の都道府県でも発行されました。その後、さまざまな変遷を経て今日に至っております。年末のジャンボ宝くじは、もはや師走《しわす》の風物詩となっています。

【祝詞の訳文】

（この神棚にお鎮まりになる）言葉に掛けて申し上げるのも恐れ多い、大神様の御前に謹《つつし》んで申し上げます。

あぁ嬉しいこと、めでたいことです。先に神棚に宝くじをお供えし、お願い申し上げた霊験《れいげん》が著しく表れました。ここに○○宝くじの○等があたり、金○円をお恵みくださいましたことは、とてもうれしくありがたいことです。感謝のお礼を御奉告するとともにお願い申し上げることをお聞き届けいただき、これから先もますますに良いほうへお導きいただき、幸せにお守りお恵みくださいと、かしこまって申し上げます。

17 縁切祈願

――新たなる良縁を迎えるために悪縁を断ち切ります

（これの神床《かむとこ》に鎮《しず》まります）掛《か》けまくも畏《かしこ》き大神《おおかみ》たちの御前《みまえ》に恐《かしこ》み恐みも白《もう》さく。

やちまたの道の行《ゆ》く人の、さはにあれども、ただ行き来するのみにて出会《いであ》ふ縁《えにし》はなきものを、奇《くし》びなる縁《えにし》と稀《まれ》なる出会《いであ》ひのまにまに、互《かた》みに情《なさ》けを通《つう》じ合ふ仲とはなりたる人にあるものの、このごろややにつれなきことの重なり、おろそかになりゆくものから、いかにせましと思ひ《い》悩み、拝《おろが》み奉《まつ》るさまを聞《きこ》し召《め》して、結《むす》び給《たま》へ《え》る縁《えにし》を畏《かしこ》み奉《まつ》るも、これを限《かぎ》りと心に誓《ちか》ひ《い》、この縁《えにし》を切り捨て給ひ《い》て、またあらたなるよき方《かた》へ導き恵み給へ《え》と、恐《かしこ》み恐みも（乞《こ》ひ《い》のみ奉《まつ》らくと）白《もう》す。

【祝詞の解説】

交際を始めた男女が、途中で冷え切った関係となって縁を切りたいと願うことがあります。近頃はうまく縁が切れずに、拗《こじ》れて複雑な問題になったりしています。縁切に有名な社寺もありますが、まずは神棚にお願いをします。

【祝詞の訳文】

（この神棚にお鎮まりになる）言葉に掛けて申し上げるのも恐れ多い、大神様の御前に謹《つつし》んで申し上げます。いくつもの広がる道を行き来する人は多くいますが、ただ行き来するだけで出会うといった御縁はありませんが、不思議な御縁があり出会って以来、お互いに情が通じ合う仲になった相手でしたが、このごろどうしたことか非情なことが幾度もあり、仲が疎遠になっております。どうしたらよいかと思い悩んでおりましたが、このたびお願い申し上げることをお聞き届けください。お結びいただいた御神縁《しんえん》であって恐れ多いものと畏みますが、もうこりごりと心に誓っております。この縁を断ち切っていただき、また、新しいほうへお導きお恵みくださいと、かしこまって（お願い）申し上げます。

18 禁酒禁煙等（○○断ち）祈願

——我慢の限界まで努力と覚悟を誓います

（これの神床《かむとこ》に鎮《しず》まります）掛《か》けまくも畏《かしこ》き大神《おおかみ》たちの御前《みまえ》に恐《かしこ》み恐みも白《もう》さく。

世にある人の好みは人各々《ひとおのおの》違《たが》ひ《い》、またその好みに時と黄金《こがね》を費《つい》やすことも、また各々《おのおの》違《たが》ふ《う》ものにて、或《ある》はよし、あるは悪《あ》しと様々《さまざま》なるも、時により過ぐれば身を損《そこ》なひ《い》、世を誤ち、道を踏みまがふ《う》など、人のもてなやみ草とこそなるものなれ。こたび○○○○、年まねく○○を好み、おのが一世《ひとよ》には、こは欠《か》くべからざるものよと、朝《あした》に夕《ゆうべ》に身を放たず、人の諌《いさ》めをも憚《はばか》ることなく、わが思ふ《う》ままに過ごしきたれるも、大神たちの戒《いまし》めならむ、ややに体の○○に障《さわ》りの出《い》できて、暮らしいたづ《ず》くさまとはなりぬ。かかれば今し、長き年月嗜《としつきたしな》みきたれる○○をば（医師《くすし》の奨めもあれば）堅石《かたし》の堅《かた》き心、丈夫《ますらお》の強き思ひ《い》もて、断《た》ち難《がた》きを断《た》たむ《ん》と思ひ《い》起こし、潔き心持《こころも》たばやと、拝《おろが》み奉《まつ》るさまを聞《きこ》し召《め》して、弱き幼き心を奮《ふる》ひ《い》立たしめ給ひ《い》、いかなることのあらむ《ん》とも、枉《ま》がることなく、違《たが》ふことなく、おのが昔の誤ちを、大直日神直日《おおなおびかんなおび》に直《なお》し給《たま》ひ、また新たなる一世《ひとよ》となし幸《さきわ》ひ給《い》ひ、夜《よ》の守《まも》り日《ひ》の守《まも》りに、護《まも》り恵み導き給《え》へと、恐《かしこ》み恐みも（乞《こ》ひのみ奉《まつ》らくと）白《もう》す。

【祝詞の解説】

人間は弱い存在ですから、酒や煙草をやめるには強い決意が必要です。それに自信がない場合には、重ねて神様のお助けを願うことになります。しかし、あくまでも「お助けをいただく」だけであって、飲まない、吸わないという自分の努力と覚悟なしに神様も助けてやろうとは思われないでしょう。何でも同じですが、自分の努力がなければ叶わないことを肝に銘じたいものです。

【祝詞の訳文】

（この神棚にお鎮まりになる）言葉に掛けて申し上げるのも恐れ多い、大神様の御前に謹《つつし》んで申し上げます。世の中の人の好みは人それぞれ違い、その好みに時間とお金を費やすことも人それぞれ違うので、ある時には良いこととなり、また、ある時には悪いことになるなどさまざまです。場合によって過度になれば身を損ない、世の中の道を間違えるなど人にとっての悩みの種となります。このたび私○○○○は、長い間○○を好み、自分の人生に欠かせないものだと朝夕いつも身から放さず、他人の忠告も聞き入れずわがままに生きてきました。

しかし、大神様たちの戒めでしょうか、次第に体の○○に支障が出てきて、病気がちな暮らしとなりました。今、長い年月嗜んできた○○を（医師の奨めもあって）堅い心強い意志で、断ち難くとも断とうと思い起こし、潔い心を持とうと、お願い申し上げることをお聞き届けください。弱く幼い心を奮い立たせてくださり、どんなことがあっても決意を枉《ま》げたり変えたりすることなく、自分の過去の間違いを大直日《おおなおび》神直日《かんなおび》にお直しくださ い。また、新たな人生を幸せいっぱいにしていただき、夜も昼も守りに守り恵み導いてくださいと、かしこまって（お願い）申し上げます。

第五章　家の新築改修、庭木の伐採などの祈願

家を新築したり引越しの際には、それぞれの氏神神社の神職に清祓をお願いします。そのあと家の神棚に祝詞をあげ、この新居の生活のスタートを清い気持ちで始めることになります。また、古《ふる》家《や》の解体にあたっても同様のことをしますが、ここでも家庭の神様にその経過をお知らせすることが必要です。すべて、家の神様に「ひと言申し上げてから」という気持ちが大切です。ここには庭木の伐採や工事の安全祈願などを収めました。

1

新築家《か》屋《おく》清《きよ》祓《はらえ》

——新築の家屋を清め災厄のない家庭を築けるように祈ります

これの新家《にいいえ》の一間《ひとま》に新たに設《ま》けたる神床《かむどこ》に鎮まります、掛《か》けまくも畏《かしこ》き大神《おおかみ》たちの御《み》前《まえ》に恐《かしこ》み恐みも白《もう》さく。

新たに家を建て設《ま》けむとの、工事《たくみ》の業《わざ》を始めしよりこのかた、怠《おこた》ることなく滞《とどこお》ることなく、大工《おおだくみ》小工《こだくみ》の心を尽くして、千尋《ちひろ》の栲縄《たくなわ》ただ一筋《ひとすじ》に勤《つと》めいそはき、なり終《お》へたるにより、今しも家《や》うつりのはじめに、ここに大神たちの御殿《みあらか》を設《ま》け（移し）、（新たに氏神○○神社の御魂《みたま》（神札《おふだ》）を併《あわ》せ祀《まつ》りて）家《いえ》の守《まも》りと鎮《しず》め斎《いわ》ひ奉《まつ》らくと（御饌神酒《みけみき》供《そな》へ奉《まつ》りて）拝《おろが》み奉《まつ》るさまを聞《きこ》し召《め》して、装《よそ》ひ《い》も新たなるこの家を大神等《たち》の大御稜威《おおみいつ》もて祓《はら》ひ《い》清め給《たま》ひ《い》、家族親族《うからやから》の睦《むつ》び和《なご》みの場《にわ》となさしめ給ひ《い》、喪《も》なくことなく幸《さき》く真幸《まさき》く守《まも》り給へ《え》と恐《かしこ》み恐みも白《もう》す。

【祝詞の解説】

家を新築した場合、できれば神棚のお宮も新調して、新たなお祭りを始めるのがよいでしょう。同じ場所に解体新築の場合はともかく、新築家屋に移り住む場合は、**新たにその地の氏神様のお札を受けてお祀りします。**新生活の始まりを神様と一緒に祝います。

【祝詞の訳文】

この新しい家の一間に設けた神棚にお鎮まりになります、言葉に掛けて申し上げるのも恐れ多い、大神様の御前に謹んで申し上げます。

新居を建設しようと工事を始めて以来、予定通りに遅滞なく、大工さんたちが心を尽くして、千尋の栲縄を結ぶように心を一つにして造り上げました。今、やっと転居する初めに、この場所に大神様たちの御殿（在所《あらか》）を設け（移し）、（新たに氏神○○神社の御魂〔神札〕を併せお祀りして）家の守り神とお祀り申し上げ、（御饌・神酒をお供えして）拝み申し上げることをお聞き届けいただきたいのです。新装なったこの家を大神様たちのお力で祓い浄めてくださり、家族・親族が親しみ睦み心を通わす場所にしてください。嫌なこともなく、真に幸福いっぱいにお守りくださいと、かしこまって申し上げます。

2 古家《ふるや》解体清祓

――先祖の面影が残る古い家を解体する前に感謝を捧げます

（これの神床《かむとこ》に鎮《しず》まります）掛《か》けまくも畏《かしこ》き大神《おおかみ》たちの御前《みまえ》に恐《かしこ》み恐みも白《もう》さく。遠津親《とおつおや》のまたその遠つ親の代《よ》より住みきたれるわが古家《ふるいえ》よ。世々《よよ》の祖《おや》らの面影《おもかげ》のここかしこに顕《た》つゆかしきものに、柱太《はしらふと》しく簗《やな》も梁《はり》もいまだ厳《いか》しく、住むには耐へ《え》うるものなるも（壁朽《かべく》ち落ち、柱は曲がり、雨のいとど漏《も》りきて住むには堪《た》えぬものから）今は住む人もなく、ただただ雨風《あめかぜ》にうち任《まか》せてあるを、代《よ》の変《かわ》はり進みゆくままに、こたび心苦しうも、うちこぼち取り除くこととはなりぬ。あな悲し、心苦しとは思へ《え》ど、このたび工事《たくみのわざ》の始まらむ《ん》とするにあたり、この由告《よしつ》げ奉《まつ》り、大神たちの御守《みまも》りによりて、工事《たくみのわざ》を喪《も》なく異《こと》なく進めしめたまひ《い》、またこの家《いえ》に暮らしたまひし《い》祖々《おやおや》の、御心《みこころ》をも和《やわ》したまへ《え》と恐《かしこ》み恐みも白《もう》す。

【祝詞の解説】

長年、住んでいた家にはそれなりの愛着があるものです。まして、先祖から住んできた家屋ならなおさらです。神様に家の解体を告げ、工事の安全を願うとともに御先祖の気持ちを慰めていただきます。

【祝詞の訳文】

（この神棚にお鎮まりになる）言葉に掛けて申し上げるのも恐れ多い、大神様の御前に謹《つつし》んで申し上げます。御先祖の、また、その前の御先祖の代から生活をさせていただいたこの古い家よ。代々の御先祖の面影があちこちに残り慕《した》わしいうえに、柱、築も梁も太くまだ立派で生活するに十分ですが、（壁崩れて落ちかけ、柱は曲がり、雨漏りがして生活ができないので）今は住む人もなく、雨に降られ風に吹かれるままに放置してあったのを世代や時代の変化に伴って、このたび残念ながら解体して取り除くこととなりました。あぁ悲しい、無念だと思いますが、工事の始まろうとする時にこのことを御奉告申し上げます。引き続き大神様たちの御加護によって、その工事に不吉なことや支障がないよう進捗させ、この家に生活しておいでだった御先祖様の御心もお慰めくださいと、かしこまって申し上げます。

3 新居移転引越後

——転居など新しい生活を再びスタートさせる前に

これの新室《にいむろ》の一間《ひとま》に新たに設《ま》けたる神床《かむどこ》に鎮まります、掛《か》けまくも畏《かしこ》き大神《おおかみ》たちの御《み》前《まえ》に恐《かしこ》み恐みも白《もう》さく。

世の進みゆくまにまに今度《こたび》○○○は、この村里《むらさと》に（たつきのわざにより一人）移り住むこととはなりぬ。いまだこの街《まち》の東《ひんがし》も西《にし》も知らぬ身ながら、家《や》うつりに関《かかわ》はるものごとの、落ち着きたるがゆゑ《え》に、今日《きょう》しも新たに氏神○○神社の御魂《みたま》（神札《おふだ》）を併《あわ》せ祀《まつ》らくと、御饌神酒《みけみき》供《そな》へ奉《まつ》りて、拝《おろが》み奉《まつ》るさまを聞《きこ》し召《め》して、新たなる大神たちの大《おお》御稜威《みいつ》を蒙《かがふ》らせ給ひ《い》、新たなる生活《くらし》をも幸《さき》く真幸《まさき》く守《まも》り給へ《たまえ》と恐《かしこ》み恐みも白《もう》す。

【祝詞の解説】

新たな家に移るにあたっては、できれば神棚のお宮も新調して、新たにその地の氏神様のお札を受けてお祀りします。お供えものをして、新生活の始まりを神様と一緒に祝います。

家屋を護る神様は屋船久久遅命《やふねくくのちのみこと》と言われ、上棟祭のときにお祀りされます。この神様は、平安時代初期に編まれた『延喜式《えんぎしき》』の祝詞（大殿祭《おおとのほがい》）に屋船豊宇気命《とようけのみこと》とともに見え、「木の霊にます」という注が付されています。『古事記』には久久能智《くくのち》神、『日本書紀』には句句廼馳《くくのち》神と書かれ、いずれも木の神とされています。

また、家屋を神格化した神として『古事記』には大屋毘古《おおやびこ》神など六神の名が見えます。

【祝詞の訳文】

この新居の一部屋に新たに設置した神棚にお鎮まりになる、言葉に掛けて申し上げるのも恐れ多い、大神様の御前に謹《つつし》んで申し上げます。

世の中が進歩して開けていくのに合わせ、今度、○○○○はこの市（町・村）に（生活の事情によって単身で）転居することになりました。まだ、この街のことをまったく知らない身ですが、転居に伴う引越し作業が一息ついたので、今日、新たに氏神○○神社の御魂（神札）を併せお祀りしようと、御饌やお神酒をお供え申し上げてお願い申し上げます。これをお聞き届けいただき、大神様たちの新たなお力を与えてくださり、新生活を真に幸福いっぱいにお守りくださいと、かしこまって申し上げます。

4
家屋リフォーム清祓（水場のお清め）

――リフォームした家屋をお祓いしましょう

（これの神床《かむとこ》に鎮《しず》まります）掛《か》けまくも畏《かしこ》き大神《おおかみ》たちの御前《みまえ》に恐《かしこ》み恐みも白《もう》さく。足引《あしび》きの山鳥《やまどり》の尾の長々《ながなが》と暮らしきたれるこれの家《いえ》も、月日の移《うつ》ろひ《い》により、ここかしこに傷《いた》みのいできて、また老いたる身にはところどころに障《さわ》りあるところも出来《いでき》にけり。かかれば去《いぬ》る○月○日より大工《おおだくみ》小工《こだくみ》らが心尽《こころつく》して、足《た》らざるを補《おぎな》ひ《い》、毀《こぼ》れたるを直《なお》して、大神たちの御恵《みめぐ》みのまにまに、喪《も》なくことなく今早くも新たなる工事《たくみのわざ》の成《な》れるを、嬉《うれ》しみ奉《まつ》り忝《かたじけな》み奉《まつ》り、拝《おろが》み奉《まつ》るさまを聞《きこ》し召《め》して、大神たちの御魂《みたま》の幸《さき》は《わ》ひ《い》給《たま》ひ《い》て、台所・風呂場・厠《かわや》の水場をはじめ、この新たなる家内《やぬち》を祓《はら》へ《え》給ひ《い》清め給ひ《い》て、平《たいら》けく安《やす》らけく円居《まどい》の場《にわ》となさしめ給へ《え》と、恐《かしこ》み恐みも（乞《こ》ひ《い》のみ奉《まつ》らくと）白《もう》す。

【祝詞の解説】

家屋が傷んだため、また、高齢化のバリアフリーのためにリフォームし、完成した際に神様にお願いする祝詞です。工事が無事に済んだことへの御礼と、お清めののち、家族和合の幸せな場所にしてくださいと祈ります。特に、台所・風呂場・トイレの水場周辺などには塩を撒《ま》くなど丁重にお清めすることを祝詞で申し上げます。

【祝詞の訳文】

（この神棚にお鎮まりになる）言葉に掛けて申し上げるのも恐れ多い、大神様の御前に謹《つつし》んで申し上げます。

山鳥の尾が長いように、長い間、暮らしてきたこの家も月日の経過によってあちこちが傷み、また、高齢者となった私が生活するには支障がある箇所が出て来て、バリアフリーのための改修も必要になりました。それで、去る〇月〇日より大工や職人たちが一生懸命に努力して不足の部分をつけ足したり、破損しているところを直したりとリフォームを行いましたところ、大神様たちの御加護もあって、何の問題もなく、予定通りに早くも改修工事が完成しました。嬉しいことだとありがたく感謝し、拝むことをお聞き届けください。ますます大神様たちの御神威が盛んとなり、台所・風呂・トイレなどの水場や、この新しい家の中をお祓いくださりお清めくださって、平和で安穏に家族が円満に暮らす家庭にしてくださいと、かしこまって（お願い）申し上げます。

5 庭木の伐採《ばっさい》

——長年、私たちを見守ってくれた庭の木を切る前にその霊を清めます

（これの神床《かむとこ》に鎮《しず》まります）掛《か》けまくも畏《かしこ》き大神《おおかみ》たちの御前《みまえ》に恐《かしこ》み恐みも白《もう》さく。

先に〇〇〇〇が植ゑ《え》たるこの庭木《にわき》の、（古《いにしえ》へよりこの家《や》の庭にそそり立つこの庭の大木《おおき》の）年月《としつき》長く久しく経《ふ》るがままに、枝葉《えだは》の広《ひろ》ごり、幹《みき》太く雄々《おお》しく、或《ある》は夏日《なつひ》の木陰《こかげ》に、或《ある》は冬日《ふゆひ》の陽《ひ》だまりと（春には美しき花を装《よそ》ひ《い》、秋には数多《あまた》の甘き実を結び）この家《や》を覆《おお》ひ《い》守るがに生《お》いてありへしも、こたびゆくりなくも、去《い》ぬる大嵐《おおあらし》の災《わざわ》ひ《い》に損《そこ》なふ《う》ことのあれば、（こたび新たに庭土《にわつち》をかきならし、家居《いえい》建《た》て設《ま》けむがために、）惜《お》しみ惜《お》しみて心苦しくも、刈《か》りきり刈《か》り倒《たお》すこととはなれりけり。かれこの由《よし》を告《つ》げ奉《まつ》りて、拝《おろが》み奉《まつ》るさまを聞《きこ》し召《め》して、この庭木《にわき》にます木霊《こだま》をも和《なご》みまさしめ給《たま》ひ《い》、やむことなきままに、祟《たた》ることなく咎《とが》むることもなく、工事《たくみのわざ》を導き給ひ《い》、喪《も》なくことなく幸《さき》く真幸《まさき》く守《まも》り給へ《え》と恐《かしこ》み恐みも白《もう》す。

【祝詞の解説】

庭木を伐採するにあたっては、その庭木が家の建つ前からあったり、家の新築に合わせて植えたりと、思い入れの深い樹木で簡単に伐採できないことがあります。大木などは、切る前に氏神神社の神職にお祓いをしていただく場合もありますが、簡単なものの場合は、神様に祈願したのちに米や塩などを撒き御神酒をかけ、木霊を鎮めてから慎重に伐採します。

【祝詞の訳文】

（この神棚にお鎮まりになる）言葉に掛けて申し上げるのも恐れ多い、大神様の御前に謹《つつし》んで申し上げます。

以前に〇〇〇〇が植えたこの庭木は（昔からこの家の庭にそびえ立つこの大木は）ずいぶんと長い年月を経過して枝葉が広がり、幹は太く立派になりました。夏には木陰になり、冬には陽だまりとなるなど、（春には美しい花が咲き、秋にはたくさんの甘い実がなって）この家を覆って守るように成長してきました。しかしこのたび、突然なことに先日の台風により被害が出たので、（新たに庭土を掘り起こし、家を建てるために、）残念で惜しく、無念ですが刈り切り倒すことになりました。そこで、そのことを御奉告申し上げ、拝み申し上げることをお聞き届けいただき、この庭木にお宿りになる木霊を和《なご》ませてくださり、祟ったり怒ったりすることのないように、工事を速《すみ》やかに進めて無事故で嫌なこともなく、真に良いようにお守りくださいと、かしこまって申し上げます。

6 旅行安全祈願

——旅行の安全、留守の家に災難がないよう守護をお願いします

（これの神床《かむとこ》に鎮《しず》まります）掛《か》けまくも畏《かしこ》き大神《おおかみ》たちの御前《みまえ》に恐《かしこ》み恐みも白《もう》さく。

古《いにしえ》へゆ名《な》にし負《お》ふ名どころ、歌に詠《よ》まれし歌枕《うたまくら》など、国内《くぬち》にあまたあるを、こたび○○○、ややの暇《いとま》のいできて、○月○日より○泊にて、○○をも相伴《あいともな》ひ（友○○を誘《さそ》ひ）○県《あがた》（国名）の○○へ、草枕旅行《くさまくらたびゆ》くこととはなりぬ。かれこの由《よし》を告《つ》げ奉《まつ》り、拝《おろが》み奉《まつ》るさまを聞《きこ》し召《め》して、旅にあるほどは、身にも行《おこな》ひにも喪《も》なく異《こと》なく、村里《むらさと》を行く車に乗りの誤りなく、雨風の憂《うれ》ひや泊《と》まる宿にも障《さわ》りなく、また留守《るす》の家にも災《わざわ》ひもあらしめず、よき思ひ出《い》を多《さわ》に残して、定められたる時の間《ま》に違《たが》ふことなく立ち帰らしめ給《たま》ひ、夜《よ》の守《まも》り日《ひ》の守《まも》りに守《まも》り恵み幸《さきわ》ひ給《え》へと恐《かしこ》み恐みも白《もう》す。

【祝詞の解説】

旅行に行く前に安全の祈願をします。かつては、旅に出る前に家族と水杯《みずさかずき》を交《か》わして無事を祈り合ったと言います。現代でも、旅行先で不慮の事故が起こる場合や、留守の家に災いが起こることもあります。ていねいに神様にお願いすることによって御加護をいただくことになります。

【祝詞の訳文】

（この神棚にお鎮まりになる）言葉に掛けて申し上げるのも恐れ多い、大神様の御前に謹《つつし》んで申し上げます。

昔から名高い名所や、歌に詠まれた歌枕などが国内にたくさんありますが、今度○○○○は、少しばかりの余暇ができましたので、○月○日より○泊で、○○を連れて（友○○を誘って）○○県（○○国）の○○（目的地）へ旅行することになりました。これより御奉告申し上げることをお聞き届けください。旅行中は、身も行動も慎重を期して嫌なことや変わったこともなく、旅行く列車や車などに乗り間違えることもなく、雨風の心配や泊まる宿にも不都合なことのないように。また、留守の家にも災いが起こることなく、よい思い出をたくさん残して、決められた期間に相違が生ぜず無事に帰らせてください。夜も昼もお守り、お恵みをいただき、幸せな時間を与えてくださいと、かしこまって申し上げます。

7 海外留学安全祈願

――留学中に無事故であるよう出発前に祈ります

（これの神床《かむとこ》に鎮《しず》まります）掛《か》けまくも畏《かしこ》き大神《おおかみ》たちの御前《みまえ》に恐《かしこ》み恐みも白《もう》さく。

世の進みゆくまにまに、外《と》つ国《くに》との行《ゆ》き来《き》の年ごとに真盛《まさか》りになりゆき、あまたのことの開《ひら》け、学びの道も深まり行くことは嬉《うれ》しきことにて、こたび○○○○、○○の学びを更《さら》に究《きわ》めんとして、この○月○日より、○月○日に至るまでの長き間に、○○大学の留学生として、○○国の○○○○へ、語学《ごがく》の研修《けんしゅう》に出《い》でたつこととはなりぬ。かれこの由《よし》を告《つ》げ奉《まつ》り、拝《おろが》み奉《まつ》るさまを聞《きこ》し召《め》して、山鳥《やまどり》の尾の長き留学《りゅうがく》の間《ま》も、身を慎《つつし》み行《おこな》ひ《い》を正《ただ》して、ゆくりなき災《わざわ》ひ《い》や怪《け》しき病《やまい》に罹《かか》ることもあらしめず。身も心も健やかに、学びを更《さら》に進めしめ給《たま》ひ《い》、喪《も》なく異《こと》なく、また留守《るす》の家にも災《わざわ》ひ《い》もあらしめず、定められたる時《とき》の間《ま》に、違《たが》ふ《う》ことなく障《さわ》りなく立ち帰らしめ給ひ《い》、夜《よ》の守《まも》り日《ひ》の守《まも》りに守《まも》り恵み幸《さきわ》ひ《い》給へ《え》と恐《かしこ》み恐みも白《もう》す。

【祝詞の解説】

国際化やグローバル化などということが言われる時代になり、大学生の海外留学が盛んに口にされています。海外に長期間にわたって留学することは本人も不安ですし、家族にとっても心配なものです。留学期間中の無事故を祈るのは、旅行前と旅行期間中です。また、無事に帰国した時にもその報賽《ほうさい》をして感謝いたします。

【祝詞の訳文】

（この神棚にお鎮まりになる）言葉に掛けて申し上げるのも恐れ多い、大神様方《がた》の御前に謹《つつし》んで申し上げます。

世の中が進みゆくに従って外国との往来が盛んになり、さまざまのことが開けて、学問の道も深まってゆくのは嬉しいことです。私〇〇〇〇は、〇〇の学びをさらに究めようと、この〇月〇日より〇月〇日に至るまでの長期間、〇〇大学の留学生として〇〇国の〇〇〇〇（場所）へ、語学研修に行くことになりました。それでこのことを御奉告申し上げ、拝み申し上げることをお聞き届けいただきたいのです。長期間の留学の間も、身を慎み行動を正しくして、予期しない災害や、悪い病気にかかることもなく、心身ともに安泰なうちに学問をさらに深化させてくださり、嫌なことや変わったこともありませんように。また、留守の家にも災いが起ることなく、決められた期間に相違が生じることなく、無事に支障なく帰らせてください。夜も昼もお守りくださり、お恵み幸せな時間をお与えくださいとかしこまって申し上げます。

8 海外留学中毎朝無事祈願

――海外滞在中の安全を遥かに祈ります

（これの神床《かむとこ》に鎮《しず》まります）掛《か》けまくも畏《かしこ》き大神《おおかみ》たちの御前《みまえ》に恐《かしこ》み恐みも白《もう》さく。

この〇月〇日より、〇月〇日に至るまでの長き間《あいだ》に、〇〇大学の留学生として〇〇国の〇〇〇〇へ、語学《ごがく》の研修《けんしゅう》に出《い》でたたせる〇〇〇〇の上に、大神たちの恩頼《みたまのふゆ》を蒙《かがふ》らしめ給《たま》ひ、ゆくりなき災《わざわ》ひや、怪《け》しき病《やまい》に罹《かか》ることもあらしめず。身も心も健《すこ》やかに、学びを更《さら》に進めしめ給ひ、喪《も》なく異《こと》なく、夜《よ》の守《まも》り日《ひ》の守《まも》りに、守《まも》り恵み幸《さきわ》ひ給へ《え》と恐《かしこ》み恐みも白《もう》す。

【祝詞の解説】

遥か海外に留学生が滞在中の毎朝に奏上して安全を祈願します。短い祝詞ですので、毎朝の日拝詞のあとに付け加えて奏上しても構いません。

【祝詞の訳文】

（この神棚にお鎮まりになる）言葉に掛けて申し上げるのも恐れ多い、大神様の御前に謹《つつし》んで申し上げます。

この〇月〇日より〇月〇日に至るまでの長期間に、〇〇大学の留学生として〇〇国の〇〇〇〇へ語学研修に行っている〇〇〇〇の身の上に、大神様の御加護をお願い申し上げます。予期もしない災害やよくない病気にかかることもなく、心身ともに平和なうちに学問を深化させていただき、嫌なことや変わったこともなく、夜も昼もお守りくださり、幸せな日々を送らせてくださいと、かしこまって申し上げます。

9

登山水難事故防止祈願——山や海での無事安全を祈ります

（これの神床《かむとこ》に鎮《しず》まります）掛《か》けまくも畏《かしこ》き大神《おおかみ》たちの御前《みまえ》に恐《かしこ》み恐みも白《もう》さく。

あしびきの山は山の神のうしはき、わだつみの海は海の神のうしはく所と、古《いにしえ》へゆ恐れ慎《つつし》みきたれるものを、いつのころよりか人の心の驕《おご》りて、うしはきます神の御心《みこころ》に、障ることのありけむ、山彦《やまびこ》に攫《さら》われ、河童《かっぱ》に足を引かるるなどの事故《わざわい》の、たびたび出《い》で来《く》るは嘆《なげ》かはしきことなり。されば○○○○、こたび○月○日に○○山（川・海）に、友《とも》打ち連れて行くことを告げ《つ》奉《まつ》りて、拝《おろが》み奉《まつ》るさまを聞《きこ》し召《め》して、大神たちの御魂《みたま》の幸《さきわい》ひまして、○○の山（川・海）の神の御心《みこころ》を和《やわ》し鎮《しず》め給《たま》ひ《い》、喪《も》なく異《こと》なく恙《つつむ》ことなくあらしめ給ひ《い》、よき思ひ《い》出となさしめ給へ《え》と、恐《かしこ》み恐みも（乞《こ》ひ《い》のみ奉《まつ》らくと）白《もう》す。

【祝詞の解説】

夏になると山や海に出かけることが増えます。安全には気をつけていても、ちょっとした油断や不注意から大きな事故につながる場合があります。出発の前に、この祝詞を奏上し無事故を祈りましょう。

山の神を大山津見《おおやまつみ》神と言い、神生みの時に生まれていますが、子の木花之佐久夜毘売《こはなのさくやびめ》は邇々藝命《ににぎのみこと》と結ばれています。海の神を綿津見神《わだつみのかみ》と言います。神話には伊邪那岐神が禊《みそぎ》をした時に綿津見三神と住吉三神が生まれています。火須勢理命《ほすせりのみこと》（海幸彦）の釣針をなくした火遠理命《ほおりのみこと》（山幸彦）は綿津見神に助けられ、娘の豊玉毘売《とよたまびめ》と結ばれます。初期の皇統はこのように海山を司る神の系譜を巧みに組み込み、天下の統治を描いています。

【祝詞の訳文】

（この神棚にお鎮まりになる）言葉に掛けて申し上げるのも恐れ多い、大神様の御前に謹《つつし》んで申し上げます。

山は山の神がお治めになり、海は海の神がお治めになるところと昔から恐れ慎んできましたのを、いつ頃からか、人の心が傲慢になってお治めになる神のお心に障ることが生じるようになったのでしょう、山彦《やまびこ》に攫《さら》われたり河童《かっぱ》に足を引かれたりといった事故が、何度も起こるのは嘆かわしいことです。そのため、〇〇〇は、このたび〇月〇日に〇〇山（川・海）に友達と一緒に行くことを御奉告して、拝むさまをお聞き届けください。大神様たちの御加護が盛んになり、〇〇の山（川・海）の神の御心を和《なご》ませてお鎮めください。嫌なことや変なこともなく無事に過ごさせていただき、よい思い出を作らせてくださいと、かしこまって（お願い）申し上げます。

10 学校のプール開き

——使用者や子供たちに事故がないことを祈ります

（これの神床《かむとこ》に鎮《しず》まります）掛《か》けまくも畏《かしこ》き大神《おおかみ》たちの御前《みまえ》に恐《かしこ》み恐みも白《もう》さく。

夏の学《まな》び舎《や》に欠かすことのなきものはプールにてあれど、またともすれば、玉《たま》の緒《お》の命にかかは《わ》る災《わざわ》ひ《い》の、起こることこそあれ。今年また夏を迎ふ《う》る季《とき》にあたり、我が勤《つと》む○○学舎はも、今日《きょう》しもプール開きの日にあれば、大前にことの由《よし》告《つ》げ奉《まつ》り、禍津《まがつ》日神《ひのかみ》の悪《あ》しき災《わざわ》ひ《い》の起こることなく乞《こ》ひ《い》祈《の》み奉《まつ》ると、拝《おろが》み奉《まつ》る状《さま》を聞《きこ》し召《め》して、この一夏《ひとなつ》もプールの内外《うちと》に、喪《も》なくことなくあらしめ給《たま》ひ《い》、泳ぎ習《う》ふ技《わざ》を、弥練《いやね》りに練り弥磨《いやみが》きに磨《みが》き、実りある夏となさしめ給へ《え》と、恐《かしこ》み恐みも（乞《こ》ひ《い》祈み奉《まつ》らくと）白《もう》す。また水泳部の営みをも恵み導き給へ《え》と白《もう》す。

【祝詞の解説】

学校では夏になると水泳の授業が始まり、水泳部の活動も活発になります。ただし、水泳の練習は場合によっては命に関わる事故につながります。そこで、プール開きには無事故を祈り、校長先生が塩や酒を撒いたりすることがありますが、関係する教師は家庭の神棚にこの祝詞をあげて無事故を祈りましょう。これは私が高校教師の時にプールの時期になると自宅の神棚に祈願した祝詞です。お蔭様で無事故で過ごせました。

【祝詞の訳文】

（この神棚にお鎮まりになる）言葉に掛けて申し上げるのも恐れ多い、大神様の御前に謹《つつし》んで申し上げます。

夏の学校に欠かすことのできないものはプールですが、またどうかすると生徒の命に関係する事故が起こることがあります。今年も、また夏を迎える季節になり、私が勤務する○○学校は、今日がプール開きの日なので、このことを御奉告し、悪い神様の災害が起こらないようにとのお願いをお聞き届けください。この夏も、プールおよびその周辺に嫌なことや変な事故がないようにお守りいただき、水泳を練習してその技術をさらに練り磨き、充実した夏にしてくださいませと、かしこまって（お願い）申し上げます。また水泳部の活動をお守り導きくださいと申し上げます。

11 飛行機安全祈願

——飛行機に乗り慣れない方はこの祝詞を上げてから

（これの神床《かむとこ》に鎮《しず》まります）掛《か》けまくも畏《かしこ》き大神《おおかみ》たちの御前《みまえ》に恐《かしこ》み恐みも白《もう》さく。

空飛ぶ車はかぐや姫の昔からある天《あめ》の鳥舟《とりふね》にて、今の世にも国の内外《うちと》に旅行《たびゆ》くことに使ふ《う》ことの多《さわ》に、速《すみやけ》くまた安《やすら》けく穏《おだ》ひ《い》なる乗り物とは言へ《え》、事あらば大きなる災《わざわ》ひ《い》となるを恐れて、慎《つつし》み避《さ》ける人もあるとかや。こたび○○○○、○月○日に天の鳥舟《とりふね》を用《もち》ゐ《い》て○○へ旅行《たびゆ》くに、いまだ乗り慣れぬものから、心も落ち着かず、憂《うれ》ひ《い》も深きにより、大神たちの恩頼《みたまのふゆ》を蒙《かがふ》らまくと、拝《おろが》み奉《まつ》るさまを聞《きこ》し召《め》して、飛び立ちの折、地に着く時を守《まも》り給《たま》ふ《う》ことは更《さら》なり、久方《ひさかた》の大空を翔《かけ》る翼《つばさ》の障《さわ》りもなく、喪《も》なく異《こと》なく立ち帰らしめ給へ《え》と、恐《かしこ》み恐みも（乞《こ》ひ《い》のみ奉《まつ》らくと）白《もう》す。

【祝詞の解説】

飛行機は安全な乗り物ですが、何かあった場合は大惨事になることから、便利ではあるもののまだ恐怖心の拭えない利用者がいます。ことに初めて利用する子供などは不安があるようです。乗る前にこの祝詞を奏上して安全を祈ります。

我が国最古の物語とされる『竹取物語《たけとりものがたり》』に、月の世界からかぐや姫を迎えにきた使者が乗る、飛ぶ車が描かれています。「薄い絹の傘をさしている」と書かれていて、実に幻想的な場面です。彼らは地上に降りることなく浮いたままで、かぐや姫に体を清める薬を飲ませて月に戻ります。月の清浄に対し、地上の人間世界の穢《けが》れや醜さを見事に表現しています。

【祝詞の訳文】

（この神棚にお鎮まりになる）言葉に掛けて申し上げるのも恐れ多い、大神様の御前に謹《つつし》んで申し上げます。

飛行機は竹取物語に「飛ぶ車」とあって、現代では国内国外の旅行に使うことが多く、速いうえに安全な乗り物とは言うものの、何か事故があった時は大きな災害となるので、それを恐れて乗らない人もいるようです。

このたび私〇〇〇〇は、〇月〇日に飛行機を利用して〇〇へ旅行しますが、まだ乗り慣れないために落ち着かず心配でならないので、大神様たちの御加護をいただきたいとお願い申し上げるのをお聞き届けください。離着陸時をお守りいただきたいことはもちろん、大空を飛行中に故障することなく、嫌なことや変わったこともなく無事に帰らせてくださいと、かしこまって（お願い）申し上げます。

12

工事安全祈願

——会社が請け負った工事の安全、従業員の無事を祈る

（これの神床《かむとこ》に鎮《しず》まります）掛《か》けまくも畏《かしこ》き大神《おおかみ》たちの御前《みまえ》に恐《かしこ》み恐みも白《もう》さく。

大神たちの厚き広き大御恵《おおみめぐみ》を蒙《かがふ》り、恩頼《みたまのふゆ》の大御蔭《おおみかげ》のまにまに、この〇〇会社は日ごと月ごと世の覚《おぼ》えも厚く繁《しげ》く、いや栄えに栄え、いや富《とみ》に富みゆく中に、こたび新たに〇〇の事業《わざ》を請《う》け負《お》ふことにはなりぬ。かれこの由《よし》を告《つ》げ奉《まつ》り、拝《おろが》み奉《まつ》るさまを聞《きこ》し召《め》して、関《かかわ》はる諸人《もろびと》たちが、むらぎもの心一つに努《つと》め励《はげ》み、緩《ゆる》むことなく怠《おこた》ることなく、この事業《わざ》を押し進めしめ給《たま》ひ、喪《も》なく異《こと》なく、定められたる時の間《ま》に、障《さわ》ることなく違《たが》ふことなく、なし幸《さきわ》ひ給《え》へと、恐《かしこ》み恐みも白《もう》す。

【祝詞の解説】

会社が新たな事業を請け負った場合などの工事安全祈願です。工事には不注意による事故がつきものですから、神様の御加護のもと、無事故で過ごせるように神様にお祈りします。

【祝詞の訳文】

（この神棚にお鎮まりになる）言葉に掛けて申し上げるのも恐れ多い、大神様の御前に謹《つつし》んで申し上げます。大神様たちの厚く広い大御恵をいただき、ご加護の大きなお蔭のままにこの〇〇会社は、月日とともに世の評判も高まり、ますます富み栄えゆく中に、このたび新規に〇〇の事業を請け負うことになりました。このことを御奉告申し上げ、お願い申し上げることをお聞き届けください。関係するすべての人たちが心を一つにして努力励行し、気持ちを引き締め、怠けることなくこの事業を推し進めますので、嫌なことや問題点もなく、決められた期間に支障や相違が生じることなく、無事に成功させてくださいと、かしこまって申し上げます。

【コラム】「自祓《じばらい》」のすすめ

修祓《しゅばつ》は一般に神職が奉仕しますが、自ら祓う「自祓い」というものがあります。これには図のような「自祓い」用の大麻《おおぬさ》を作り、その前で祓詞を奏上したあと両手で持ち、左・右・左と祓います。

「自祓い」用の大麻を作るには、①長さ三〇センチほどの棒、②半紙（偶数枚）、③麻紐（白い紐などで代用可）、④小刀（カッターナイフなど）を用意します。

まず半紙を四枚重ね、これを半分に切り、さらにそれを半分に切ります。四枚重なったものが四つできます。

次に、各四枚を重ねたまま、長い辺を縦にして二つ折にします。これが四つできます。

次に、四等分に切り込みを左・右・左と入れます。切り込みの長さは、およそ五分の一を残します。

そして、切り込みに沿って前へ前へと折り、それを四つ重ねます。重ねたものを棒の上のほうに紐で縛りつけて出来上がりです。

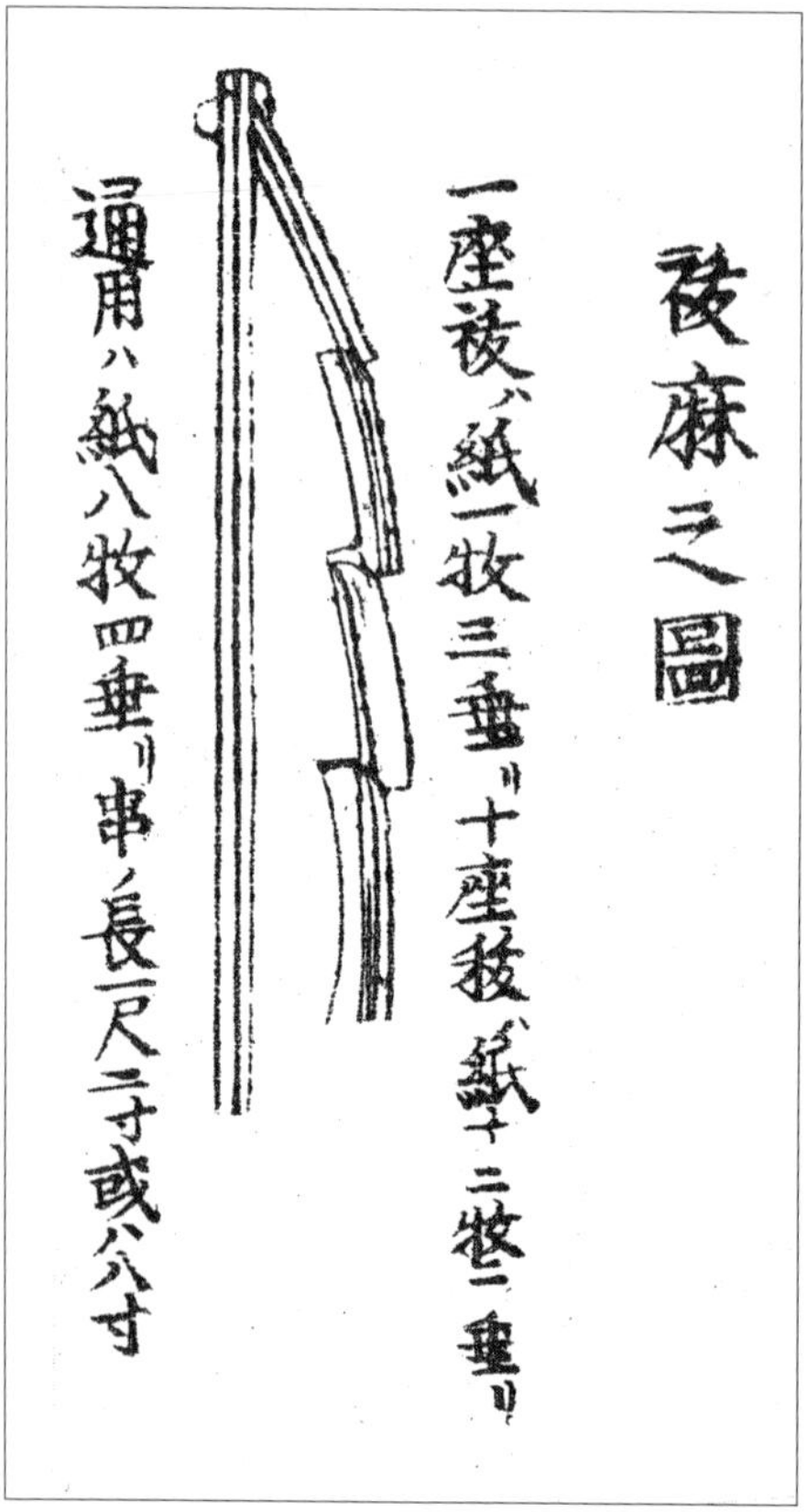

祓麻の図

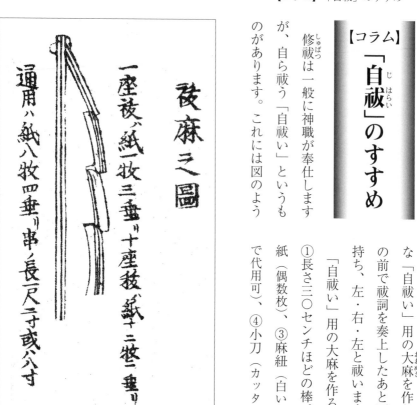

第六章　産業・生業に関する祈願

農業、漁業などに従事している人たちが、天候など自然のことに関して神様に奏上する祝詞です。神職が不在がちな氏神様の神社に、これらの人たちが集まって代表が奏上することもできます。

また、日々の作業以外でも特別な行事、たとえば、子どもたちの遠足や運動会が好天に恵まれ無事に行われるように、神様にお願いしたい時にも奏上できます。

1

晴天祈願 農業 ——長びく雨を止めて、農作物をお守りください

（これの神床《かむとこ》に鎮《しず》まります）掛《か》けまくも畏《かしこ》き大神《おおかみ》たちの御前《みまえ》に恐《かしこ》み恐みも白《もう》さく。近頃《ちかごろ》雨《あめ》降《ふ》ることの久《ひさ》しく打ち続き、時により過ぐれば民《たみ》の嘆《なげ》きともなり、農業《たつくりのわざ》のなりはひ《わい》滞《とどこお》り、田畑《たはた》は流れ損《そこ》なふ《う》などの災《わざわ》ひ《い》の、多《さわ》に起こる兆《きざ》しのあれば、今《いま》し大神たちの厚き助けのまにまに、天《あめ》の岩戸《いわと》を押し開き給《たま》ひ《い》、古き歌に八大龍王《はちだいりゅうおう》雨やめ給へ《え》と言ふ《う》がごと、はやはやと降る長雨《ながあめ》も忽《たちま》ちに晴れて、日《ひ》の大神の大み恵みを蒙《かがふ》らしめ給へ《え》と、拝《おろが》み奉《まつ》るさまを聞《きこ》し召《め》して、農《のう》に勤《いそ》はく者どもの心にかかる黒雲《くろくも》を吹き払ひ《い》、取り作る奥津御年《おくつみとせ》をはじめ、青物実《あおものみ》の物《もの》常のごとく豊《ゆた》けく向栄《むくさか》になし幸《さきわ》ひ《い》、守《まも》り恵みたまへ《え》と恐《かしこ》み恐みも（乞《こ》ひ《い》のみ奉《まつ》らくと）白《もう》す。

【祝詞の解説】

雨や悪天候が続くと農作物に被害が及びます。この祝詞は長雨が続いた場合の雨止《や》みを祈るものです。これは神棚でも神社の前でも奏すことができます。

雨止《や》みの歌として思いつく歌は、源《みなもとのさねとも》実朝の『金槐和歌集《きんかいわかしゅう》』にある「時によりすぐれば民の嘆きなり八大龍王雨やめたまへ」です。この歌には建暦《けんりゃく》元年七月、洪水被害が多く民が愁《うれ》え嘆くので本尊に向かって祈念したという詞書《ことばがき》があります。八大龍王は雨を司る仏です。「たまへ」という尊敬の表現が祝詞に通じる言霊がこもります。ただ『東鑑《あずまかがみ》』などの歴史書を見ると、この年にこのような災害はなかったようなのですが、実朝の祈りはよくわかります。

【祝詞の訳文】

（この神棚にお鎮まりになる）言葉に掛けて申し上げるのも恐れ多い、大神様の御前に謹《つつし》んで申し上げます。

近頃は雨降りが長く続き、場合によっては民の困ることとなり、農作業が停滞し、田畑は流されたり、損失したり、災害がたくさん起こる兆しがあります。今こそ、大神様たちの厚く大きなお助けによって天の岩戸を押し開かれ、源実朝の「八大龍王よ、雨をやめてください」という歌があるように、降り続く長雨もすぐにさっと晴れて、日の大神の大きなみ恵みをお与えくださいとお願い申し上げることをお聞き届けください。農業に働く者たちの心にかかる心配を吹き払っていただき、作っている今年のお米を始め、野菜や果実を毎年のように豊作にさせてください。お守りお恵みくださいと、かしこまって（お願い）申し上げます。

2 晴天祈願 行事

——遠足や運動会の日が晴天に恵まれますように

（これの神床《かむとこ》に鎮《しず》まります）掛《か》けまくも畏《かしこ》き大神《おおかみ》たちの御前《みまえ》に恐《かしこ》み恐みも白《もう》さく。

来《きた》る〇月〇日はしも、我が子〇〇〇〇の一年《ひととせ》に一度《ひとたび》の遠足（運動会・〇〇会）の日なれば、（天気予報によればやや気にかかるものにはあれど）大神たちの大御稜威《おおみいつ》もちて、この日を晴れの空模様となさしめたまひ《い》、子供たちの笑《え》まふ《う》顔と、喜びの声に満《み》ち足《た》らひ《い》、五月風《さつきかぜ》薫るよき日にと、（澄み渡る秋の良き日にと）拝《おろが》み奉《まつ》るさまを聞《きこ》し召《め》して、あまたの思ひ《い》出を残させたまひ《い》、楽しく浦安《うらやす》き日と守《まも》り恵み幸《さきわ》ひ《い》たまへ《え》と、恐《かしこ》み恐みも（乞《こ》ひ《い》のみ奉《まつ》らくと）白《もう》す。

【祝詞の解説】

学校や地域の行事の日には晴天になってほしいと、誰もが思います。この祝詞は、そのような願いを神棚に申し上げるものです。

【祝詞の訳文】

（この神棚にお鎮まりになる）言葉に掛けて申し上げるのも恐れ多い、大神様の御前に謹《つつし》んで申し上げます。

来る○月○日は、我が子・○○○○が一年に一度の遠足（運動会・○○会）の日なので、（天気予報によると気になる天候ですが）大神様たちのお力をいただいて、この日を晴れの天気としてください。子供たちの笑う顔と喜びの声に溢れて、五月風が薫るすばらしい日（澄み渡る秋のすばらしい日）にしてくださいとお願い申し上げることをお聞き届けください。たくさんの思い出を残せるような楽しく安らかな日にしていただき、お守りお恵み幸せをお加えくださいと、かしこまって（お願い）申し上げます。

3 雨乞い祈願

——日照りが続く日々も、豊かに農作物が実るよう慈雨を祈ります

（これの神床《かむとこ》に鎮《しず》まります）掛《か》けまくも畏《かしこ》き大神《おおかみ》たちの御前《みまえ》に恐《かしこ》み恐みも白《もう》さく。

日の大神のみ恵《めぐみ》は、忝《かたじけな》きものと常に仰《あお》ぎ奉《まつ》るも、時により、み勢《いきお》ひ《い》の過《す》ぐれば、民《たみ》の嘆《なげ》きともなる例《ためし》もあるものにて、この〇月中頃より久しく雨降らず日照《ひでり》のつづき、また暑さも加《くわ》は《わ》りて、田も畑《はた》もなりものなえ萎《しお》れて、農業《たはたつくりのわざ》のなりは《わ》ひ《い》損《そこ》ね、災《わざわ》ひ《い》の多《さわ》に起こる兆《きざ》しのあれば、今《いま》し大神たちの厚き助けのままに、天《あめ》の村雲《むらくも》湧《わ》き立たせ、恵《めぐみ》の雨を降らさせ給《たま》ひ《い》て、田畑《たはた》をはじめ人の暮らしにも潤《うるお》ひ《い》を注《そそ》がしめたまへ《え》と、拝《おろが》み奉《まつ》るさまを聞《きこ》し召《め》して、田畑《たはた》に勤《いそ》はく者どもの心にかかる黒雲《くろくも》を吹き払ひ《い》、青物《あおもの》をはじめなりいづ《ず》る実の常のごとくになし幸《さきわ》ひ《い》、守《まも》り恵みたまへ《え》と恐《かしこ》み恐みも（乞《こ》ひ《い》のみ奉《まつ》らくと）白《もう》す。

【祝詞の解説】

雨が降り続くのも問題ですが、逆に晴天の日照りが続くのも農作物に大きな影響を与えます。雨乞いは昔から行われていました。**この祝詞は、神棚でも神社の前でも奏すことができます。**

【祝詞の訳文】

（この神棚にお鎮まりになる）言葉に掛けて申し上げるのも恐れ多い、大神様の御前に謹《つつし》んで申し上げます。日の大神（太陽）のお恵みはありがたいものと、毎日、感謝をしておりますが、場合によって勢いが良すぎると人々の嘆きともなることがあります。この〇月中頃より長期間、雨が降らずに日照りが続き、その上、暑さも加わって田も畑も実のなるものは萎《な》え枯れて、農業の生産が損失し、災害がたくさん起こる兆しがあります。今こそ大神様たちの厚く大きなお助けにより、たくさんの雲を湧《わ》き立たせ、恵みの雨を降らせていただき、田畑を始め、人々の生活にも潤《うるお》いを注いでくださいとお願い申し上げることをお聞き届けくださいませ。そして、農業で働く者たちの心にかかっている不安を吹き払い取り除いていただき、野菜を始め、実のなる果実などを毎年のように豊作にさせてください。お守りお恵みくださいと、かしこまって（お願い）申し上げます。

4 地震鎮静祈願

——長引く余震も収まり安心した暮らしに戻れますように

（これの神床《かむとこ》に鎮《しず》まります）掛《か》けまくも畏《かしこ》き大神《おおかみ》たちの御前《みまえ》に恐《かしこ》み恐みも白《もう》さく。いかなる神の御心《みこころ》にか、この頃《ごろ》この村里《むらさと》の内外《うちと》に、地震《ない》ふりとどろくことの度《たび》重なりて、これの家は申すも更《さら》なり、あるは壁崩《かべくず》れ瓦《かわら》の落ち、あるは簗柱《やなはしら》の傾き窓のきしむなど、あまたの家々の損《そこ》なひ《い》常ならず、心やすからず危《あや》ぶみ嘆《なげ》き、しじまひ《い》暮らせるを、憐《あわれ》み給《たま》ひ《い》、助け給へ《え》と拝《おろが》み奉《まつ》るさまを聞《きこ》し召《め》して、大神等《たち》の大御《おおみ》稜威《いつ》いやちこに奮《ふる》ひ《い》まして、この里の限《かぎ》りは申すも更なり、地震《ない》ふる禍《まが》つ神の御心《みこころ》を和《なご》め給ひ《い》鎮《しず》め給ひ《い》て、暮らせる人々の、心を元のごとくに安く穏《おだ》ひ《い》に戻し給ひ《い》、夜《よ》の守《まも》り日《ひ》の守《まも》りに守《まも》り恵み給へ《え》と、恐《かしこ》み恐みも（乞《こ》ひ《い》のみ奉《まつ》らくと）白《もう》す。

【祝詞の解説】

地震国である日本においては、地震の予知が大きな課題となっています。現代では地震の発生の構造が究明されていますが、かつては神の怒りと考えられていたので、その神の心を和《なご》めることが必要でした。古くは『日本書紀』の推古《すいこ》天皇七年四月に大地震があったことを初見とし、この時に地震神をお祀りしています。また、『豊後風土記《ぶんごふどき》』の五馬山《いつまやま》の記事に、天武《てんむ》天皇の時に大きな地震があって、山が崩れて温泉がわき出したとあります。これを慍湯《いかりのゆ》と言い、「人が近づくと湯が噴き出す」と書かれています。地域や家庭においては、地震鎮静の祈りを捧げることが大事です。

【祝詞の訳文】

（この神棚にお鎮まりになる）言葉に掛けて申し上げるのも恐れ多い、大神様の御前に謹《つつし》んで申し上げます。いったい、どのような神の御心でしょうか、この頃、この市（町・村）の地域に地震が何度も起こって、この家は言うまでもなく、地域全体でみても、ある家は壁が崩れ、瓦が落ち、ある家は築や柱が傾き、窓がきしむなど、多くの家々の損失被害が尋常ではありません。不安だ危険だと嘆いて、縮こまって生活している状況をお憐《あわれ》みになり、お助けくださいとお願い申し上げることをお聞き届けください。大神様たちの御加護がはっきりとお奮われになり、この地域周辺は言うまでもなく安全に、さらに地震の悪い神の御心を宥《なだ》め和めいただいてお鎮めください。生活する人々の気持ちを元のように安心、穏やかにお戻しいただき、夜も昼もお守りになり、お恵み幸せをお与えくださいと、かしこまって（お願い）申し上げます。

5 大漁祈願

――豊かな大海で恵みの幸がたくさん獲れることを願います

（これの神床《かむとこ》に鎮《しず》まります）掛《か》けまくも畏《かしこ》き大神《おおかみ》たちの御前《みまえ》に恐《かしこ》み恐みも白《もう》さく。

この大和島根《やまとしまね》の四方《よも》をめぐれる、豊《ゆた》けき大海《おおうみ》の潮《しお》の八潮路《やしおじ》を乗り分けて、魚捕《うおと》るわがたつきに、大神たちの幸《さち》を垂《た》れ給《たま》ひ、恵み給へ《え》と拝《おろが》み奉《まつ》るさまを聞《きこ》し召《め》して、乗る浮《ふ》宝《ね》の安く平《たいら》らかに、打ち掛《か》くる大網《おおあみ》小網《こあみ》に、鰭《はた》の広物鰭《ひろものはた》の狭物《さもの》、大魚《おおざかな》小魚《こざかな》貝《かい》や海藻《みるめ》に至るまで、大海原《おおうなばら》のあまたの大御恵《おおみめぐ》みを、尽《つ》くることなく与へ《え》給へ《え》と、恐《かしこ》み恐みも

（乞《こ》ひ《い》のみ奉《まつ》らくと）白《もう》す。

詞別《ことわき》て白《もう》さく。大海原に勇み出《い》で、漁《すなどり》に携《たずさわ》はる若者を育て給へ《え》と恐《かしこ》み恐みも白《もう》す。

【祝詞の解説】

漁業における漁獲高は時代によってさまざまに変化しますが、近年は、我が国の漁獲高が低迷しています。この祝詞を出漁の前に神棚に奏上して、漁の安全と大漁、後継者の育成を祈りましょう。海に囲まれた我が国では、古来より漁業が盛んでした。古語で「漁」を「すなどり」と読みます。『古事記』には、漁をしていた猿田彦神《さるたひこのかみ》が溺れたことが書かれています。海の語源は、すべてのものを「産む」ことにあるとも言われています。

【祝詞の訳文】

（この神棚にお鎮まりになる）言葉に掛けて申し上げるのも恐れ多い、大神様の御前に謹《つつし》んで申し上げます。この日本の国の四方をめぐる豊かな大海の、いくつもの潮路を乗り越え、魚を捕えて生活している私ども漁師に、大神様たちの幸福をお恵みくださいという願いをお聞き届けください。そして、乗る船が安全で平和で、仕掛ける大網・小網に大きな魚や小魚、貝や藻に至るまで、大海原のたくさんの大御恵みを尽きることなくお与えくださいと、かしこまって（お願い）申し上げます。

加えて特に申し上げます。大海原に勇んで出て行き、漁業に従事する若者を育ててくださいと、かしこまって申し上げます。

6 豊作祈願

——日本人の生命をつなぐ田畑の作物の豊作を祈りましょう

（これの神床《かむとこ》に鎮《しず》まります）掛《か》けまくも畏《かしこ》き大神《おおかみ》たちの御前《みまえ》に恐《かしこ》み恐みも白《もう》さく。

青山四方《あおやまよも》にめぐれるこの大和島根《やまとしまね》の豊《ゆた》けき大地《おおとこ》、広き大野《おおの》から山峡《やまかい》の狭畑《さはた》に至るまで、田や畑《はた》に作ると作るなりものの、雨風《あめかぜ》や虫の災《わざわ》ひ《い》に遭《あ》は《わ》せ給《たま》は《わ》ず、枯るることなく損《そこ》なふ《う》ことなく、豊かに向《む》く栄《さか》になし幸《さきわ》ひ《い》給へ《え》と、拝《おろが》み奉《まつ》るさまを聞《きこ》し召《め》して、人の食《く》ひ《い》て生《い》くべき、諸々《もろもろ》のなりものを満ち足《た》らは《わ》し給ひ《い》、玉《たま》の緒《お》の命を繋《つな》ぐ大元《おおもと》にしあれば、あまたの大御恵《おおみめぐ》みを尽《つ》くることなく与へ《え》給へ《え》と、恐《かしこ》み恐みも（乞《こ》ひ《い》のみ奉《まつ》らくと）白《もう》す。

詞別《ことわき》て白《もう》さく。田畑に労《いたず》き携《たずさ》は《わ》る若者を育て給へ《え》と、恐《かしこ》み恐みも白《もう》す。

【祝詞の解説】

農業は国の根本です。何事も輸入に頼っている我が国は、改めて農業の大切さを学ばねばなりません。豊作祈願は毎年繰り返し祈られてきた祝詞です。後継者の育成も祈ります。

ところで、日本人は春に桜の下で花見の宴会をいたします。このようなことをするのは、日本人だけのようです。サクラの「サ」は早苗《さなえ》、早乙女《さおとめ》、五月《さつき》などからわかるように「稲の神」と言います。サクラはサ神がまします座《クラ》（場所）なのです。桜の満開というのが、実は、稲の豊作を見立て予祝することなのです。花見にはそのような意味があることも一興ですね。

【祝詞の訳文】

（この神棚にお鎮まりになる）言葉に掛けて申し上げるのも恐れ多い、大神様の御前に謹《つつし》んで申し上げます。青い山が四方にめぐるこの日本の豊かな大地、広い野から山の間の狭い畑に至るまで、田や畑に作り穫《と》る実のなるものがあります。それらが雨風や虫の災害に遭うことなく、枯れたり損なわれたりすることもなく、豊かに栄えるようにしていただきたいという願いをお聞き届けください。人が食べて生きていく諸々の実のなるものに充足させていただき、生命をつないでいくためには大切なことですから、たくさんの大御恵みを尽きることなくわれわれにお与えくださいと、かしこまって（お願い）申し上げます。田畑に働き、農業に従事する若者を育てていただきたく、かしこまって申し上げくわえて特に申し上げます。

7 受注祈願

――会社や法人における多くの受注と営業の向上を祈ります

（これの神床《かむとこ》に鎮《しず》まります）掛けまくも畏《かしこ》き大神たちの御前に恐《かしこ》み恐みも白《もう》さく。大神たちの厚き広き大御恵《おおみめぐみ》を蒙《かがふ》り、恩頼《みたまのふゆ》の大御蔭《おおみかげ》のまにまに、この○○会社は日ごと月ごとに、世の覚《おぼ》えも厚く頼《たの》みも繁《しげ》く、いや栄えに栄えゆく中に、世の開け進みゆくに従ひ《い》、新しき営みのあまたいでくるを、その一つ二つはも、これが会社に請《う》け負《お》は《わ》せ給《たま》へ《え》と乞《こ》ひ《い》祈《の》み奉《まつ》らくと、拝《おろが》み奉《まつ》るさまを聞《きこ》し召《め》して、関《かか》は《わ》る諸人《もろびと》らの深き祈りと赤き真心を、愛《め》で給ひ《い》導き給ひ《い》て、新たなる事業《わざ》に加《くわ》は《わ》り、請《う》け負《お》は《わ》せ給ひ《い》て、あまたのことどもをなし幸《さきわ》ひ《い》給ひ《い》、弥向栄《いやむくさか》えに立ち栄えしめ給へ《え》と、恐《かしこ》み恐みも白《もう》す。

【祝詞の解説】

産業が盛んになり、需要が増加するに従い、あらたな受注が企業を潤します。創意工夫を重ねた結果、新たな受注が来ることになりましょう。会社の神棚の前で、神様によくお願いしてみることです。

【祝詞の訳文】

（この神棚にお鎮まりになる）言葉に掛けて申し上げるのも恐れ多い、大神様の御前に謹《つつし》んで申し上げます。大神様たちの厚く広い大御恵をいただき、御加護の大きなお蔭のままに、この〇〇会社は月日とともに世の評判も高まり、信頼も厚くなっております。これからますます栄えゆく中に、世の中が開けて進歩していくに従って、新事業がいろいろと出てくる一つ二つをこの会社に請け負わせてくださいと受注祈願をお願い申し上げることをお聞き届けください。そして、関係するすべての人々の深い祈りと、赤誠《せきせい》の真心とをすばらしいとお感じになられてお導きいただき、その新事業に参加できるよう仕事を請け負わせていただき、たくさんのことを成功させてくださいと、かしこまって申し上げます。

8

新規事業拡張奉告

——事業の拡張、商売繁盛と今後のさらなる発展を祈る

（これの神床《かむとこ》に鎮《しず》まります）掛《か》けまくも畏《かしこ》き大神《おおかみ》たちの御前《みまえ》に恐《かしこ》み恐みも白《もう》さく。

大神たちの恩頼《みたまのふゆ》のまにまに、この○○会社の事業《わざ》も進みに進み開けに開けて、弥栄《いやさか》えに栄えゆくさまを忝《かたじけな》み謝《いや》び奉《まつ》りて、またこたび新たに○○の部門を設《ま》け、これの○月○日よりその営みを始むることとはなりぬ。かれこの由《よし》を告《つ》げ奉《まつ》りて拝《おろが》み奉《まつ》るさまを聞《きこ》し召《め》して、弥更《いやさら》に高き御蔭《みかげ》を垂《た》れ給ひ《い》恵み給《たま》ひ《い》て、勤《いそ》はき努《つと》むる諸人《もろびと》たちの心を一つに堅く結《ゆ》ひ《い》、手の蹟《まが》ひ《い》足の蹟《まが》ひ《い》もなく、○○事業を進めしめ給ひ《い》、○○会社の名を、月日《つきひ》とともに弥高《いやたか》に弥広《いやひろ》に、天《あめ》の下四方《したよも》に鳴りとよもし給ひ《い》、夜《よ》の守《まも》り日《ひ》の守《まも》りに守《まも》り恵み給ひ《い》、多《さわ》なる利益《くぼさ》を得さしめ給へ《え》と、恐《かしこ》み恐みも（乞《こ》ひ《い》のみ奉《まつ》らくと）白《もう》す。

【祝詞の解説】

会社の事業が大きく展開するようになって、新部門が設けられた時には、会社の神棚や家庭の神棚にもそのことを奉告して、新部門の営業繁盛、従業員の安全、社運の隆昌を祈ります。

【祝詞の訳文】

（この神棚にお鎮まりになる）言葉に掛けて申し上げるのも恐れ多い、大神様の御前に謹《つつし》んで申し上げます。大神様たちの御魂の御加護のままに、この○○会社の事業も拡張し、さらに繁栄していく状況をありがたいことだと感謝申し上げております。また、このたび新たに○○の部門を立ち上げ、この○月○日より営業を開始することになりました。それでこのことを御奉告申し上げ、お願い申し上げることをお聞き届けいただき、さらに高い御加護をお恵みください。仕事に勤め励む社員の心を一つにして、体調の変化や過誤《かご》もなく、○○事業を推し進めさせていただき、○○会社の名を月日の経過とともに、さらに高く広く世の中に響かせてくださいい。夜も昼もお守りお恵みくださり、多くの利益をあげさせてくださいと、かしこまって（お願い）申し上げます。

9

田植奉告・稲作祈願

——神様から頂いた稲の豊かな実りを祈りましょう

（これの神床《かむとこ》に鎮《しず》まります）掛《か》けまくも畏《かしこ》き大神《おおかみ》たちの御前《みまえ》に恐《かしこ》み恐みも白《もう》さく。遠《とお》つ神代《かみよ》のこと依《よ》さしのまにまに、天《あめ》の下《した》に稲作《いなさく》の広《ひろ》ごりゆく中《うち》に、今年《ことし》もまたこの○○家においても、田植ゑ《たうえ》を始むる時の近づきぬ。かれこの由《よし》を告《つ》げ奉《まつ》りて、拝《おろが》み奉《まつ》るさまを聞《きこ》し召《め》して、早乙女《さおとめ》らが手肘《たなひじ》に水泡《みなわ》搔《か》き垂《た》り、向股《むかもも》に泥《ひじ》搔《か》き寄せて、植ゑ《え》渡しゆく瑞《みず》の早苗《さなえ》の玉苗《たまなえ》を、悪《あ》しき水、荒き風に遭は《あわ》せ給ふ《たまう》ことなく、五日《いつか》の風、十日《とおか》の雨の違ふ《たがう》ことなく、鳥の災ひ《わざわい》、蝗《いなご》の煩ひ《わずらい》もあらしめず、長彦稲《ながびこいね》の饒稲《にぎしね》となし幸ひ《さきわい》給ひ《い》、豊《ゆた》けき秋の大稔《おおみのり》となし幸ひ《さきわい》給へ《え》と、恐《かしこ》み恐みも（乞ひ《こい》のみ奉《まつ》らくと）白《もう》す。

【祝詞の解説】

稲作は我が国の根本となる農業であり、天照大御神《あまてらすおおみかみ》が稲種を高天原でお授けになった神話を伝えています。ですから、田植えを行う前にはそのことを神棚に奉告して、災害に遭わないように祈願します。

記紀神話に、高天原で天照大御神が稲作をされていることが記されておりますし、天孫である邇々藝命《ににぎのみこと》を葦原中国《あしはらのなかつくに》に降《おろ》されるときの斎庭《ゆにわ》の神勅は、日本の国＝地上世界での稲作を命じられたものです。天皇が行われる新嘗祭《にいなめさい》の祭祀は、この繰り返しの奉告にあたります。昭和天皇が宮中に水田を開かれ、今上天皇に至るまで御自ら御田植、御刈取をされているのもこのことによるのです。

【祝詞の訳文】

（この神棚にお鎮まりになる）言葉に掛けて申し上げるのも恐れ多い、大神様の御前に謹《つつし》んで申し上げます。

遠い神代に、天照大御神がこの国への稲作の御委任の神勅をお下しになられたままに、国内に稲作が広まっていきました。その中で、今年もまたこの○○家においても、田植えを始める時期が近づきました。それでこのことを御奉告申し上げ、お願い申し上げることをお聞き届けください。早乙女《さおとめ》たちが肘《ひじ》に田の水の泡を掻《か》き濁し、股《また》に泥《どろ》を掻《か》き寄《よ》せて植え渡していく瑞々しい早苗《さなえ》の玉苗《たまなえ》を、水害や風害の災害にお遭《あ》わせにならず、五日の風、十日の雨というように天候が順調でありますように。鳥や蝗《いなご》の害もなく、立派ですばらしい稲とするための御加護をいただき、豊かな秋にたくさんの豊作とさせてくださいと、かしこまって（お願い）申し上げます。

10 稲刈り奉告・稲作報賽《ほうさい》

——今年も豊作に恵まれた感謝を捧げます

（これの神床《かむとこ》に鎮《しず》まります）掛《か》けまくも畏《かしこ》き大神《おおかみ》たちの御前《みまえ》に恐《かしこ》み恐みも白《もう》さく。

梓弓《あずさゆみ》春の初めに、稲作のみ護《まも》りを乞《こ》ひ《い》のみ奉《まつ》りし験《しるし》も顕《あらわ》れて、吹く秋風に打ちなびく、黄金《こがね》色なす足穂《たるほ》の瑞穂《みずほ》の広田《ひろた》を、清々《すがすが》しと見るままに、今年もまたこの○○家においても、稲刈りを始むる頃とはなりぬ。かれこの由《よし》を告《つ》げ奉《まつ》りて、謝《いや》び忝《かたじけな》み拝《おろが》み奉《まつ》るさまを聞《きこ》し召《め》して、丈夫《たけお》の益荒男《ますらお》らが、焼鎌《やきかま》の利鎌《とがま》もて刈り切り、刈り取り納め奉《まつ》る、長彦稲《ながびこいね》の饒稲《にぎしね》の、豊《ゆた》けき大稔《おおみのり》を嬉《うれ》し楽《たぬ》しと見そなは《わ》して、神の言依《ことよ》さし給《たま》へ《え》る稲作のわざを、弥遠永《いやとおなが》に守《まも》り幸《さきわ》ひ《い》給ひ《い》、新嘗《にいなめ》の御祭《みまつり》には、この稲もて豊御饌《とよみけ》を炊《かし》ぎ、豊《とよ》神酒《みき》を醸《かも》して供《そな》へ《え》奉《まつ》らむと、恐《かしこ》み恐みも（乞《こ》ひ《い》のみ奉《まつ》らくと）白《もう》す。

【祝詞の解説】

九月になると各地で稲刈りが行われ、新米が出回ります。災害に遭わずに収穫ができることが、大きな安堵となります。神様に感謝し、今年も天照大御神の神代《かみよ》の御委任に報いることができたことを祝います。

伊勢の神宮の神嘗祭《かんなめさい》（十月十七日）には、内宮《ないくう》・外宮《げくう》両宮の中重の内玉垣《うちたまがき》に各地から奉献された穂付の稲束が掛けられます。これを懸税《かけちから》と言います。特に、内玉垣御門の右に紙垂《しで》がついた根付きの稲束が掛けられます。これは天皇陛下が宮中でお育てになられたものです。この懸税はその後、途絶えてしまいました。再び行われるようになったのは昭和二十一年のことで、天皇陛下の御献進は二十七年からとなります。

【祝詞の訳文】

（この神棚にお鎮まりになる）言葉に掛けて申し上げるのも恐れ多い、大神様の御前に謹《つつし》んで申し上げます。

春の初めに、稲作の御加護があらんことをお願い申し上げた霊験があらわれ、吹く秋風に打ちなびく黄金色となった立派ですばらしい稲穂の広い田を清々しいと見ています。今年もまた、この〇〇家においても稲刈りを始める頃となりました。それでこれを御奉告申し上げ、感謝をし、ありがたいことだとお願い申し上げることをお聞き届けください。力強い男たちが堅固な鎌、鋭利な鎌で稲刈りをし、刈り納め申し上げる長い稲穂で、すばらしい稲穂を豊作の実りのよいことだ、めでたいことだと御覧いただきたいのです。そして天照大御神《あまてらすおおみかみ》から御委任された稲作を永遠にお守り御加護くださって、新嘗祭《にいなめさい》にはこの稲で炊《た》いた豊御饌《とよみけ》、醸《かも》した豊神酒《とよみき》をお供え申し上げようと、かしこまって（お願い）申し上げます。

11 イベント成功祈願

――イベント参加者・スタッフの無事故と成功を祈る

（これの神床《かむとこ》に鎮《しず》まります）　掛《か》けまくも畏《かしこ》き大神《おおかみ》たちの御前《みまえ》に恐《かしこ》み恐みも白《もう》さく。

折節《おりふし》の移《うつ》ろひ《い》のまにまに、あまたの楽しき催《もよお》しのある中に、こたび○○会社は、○○において○月○日（○月○日より○日の間）に、○○とふ《う》催《もよお》しを行ふ《う》ことになりぬ。かれこの由《よし》を告《つ》げ奉《まつ》りて、大神たちの恩頼《みたまのふゆ》を蒙《かがふ》らせ給《たま》へ《え》と、拝《おろが》み奉《まつ》るさまを聞《きこ》し召《め》して、国の内外《うちと》ゆ、我も我もと集《つど》ひ《い》に集《つど》ふ《う》諸人《もろびと》らに、楽しみを広く遍《あまね》く分《わ》かち給ひ《い》、雨風の憂《うれ》ひ《い》や、疫病《えやみ》の感染《かまけ》の煩《わずら》ひ《い》もあらしめず、喪《も》なく異《こと》なく、災《わざわ》ひ《い》もなく終《お》へ《え》しめ給ひ《い》、あまたの利益《くぼさ》を得させ給へ《え》と、恐《かしこ》み恐みも（乞《こ》ひ《い》のみ奉《まつ》らくと）白《もう》す。

【祝詞の解説】

季節に合わせた行事やコンサートなどのイベントが行われますが、企画実行する側はさまざまな配慮などした上に、無事故であることが望まれます。神様にお願いをして、来場者に感動を与えるイベントにし、盛り上がりをお願いします。

【祝詞の訳文】

（この神棚にお鎮まりになる）言葉に掛けて申し上げるのも恐れ多い、大神様の御前に謹《つつし》んで申し上げます。

季節の移り変わりよってさまざまな楽しい行事がありますが、このたび○○会社は、○○において○月○日（○月○日より○日間）に、○○というイベントを行うこととなりました。それで、このことを御奉告申し上げますとともに、大神様たちの御加護をいただきたいという願いをお聞き届けください。国内外から我も我もと集まる観客・参加する人々に楽しみを広く万遍《まんべん》なくお与えになられ、天気の心配や感染症蔓延《まんえん》の心配もなく、嫌なことや変わったこともなく、災害も起きず、無事に終了することができますように。また、たくさんの利益をあげさせてくださいと、かしこまって（お願い）申し上げます。

12 裁判必勝祈願

——自らの主張を正道として裁判の必勝を神々に祈ります

（これの神床《かむとこ》に鎮《しず》まります）掛《か》けまくも畏《かしこ》き大神《おおかみ》たちの御前《みまえ》に恐《かしこ》み恐みも白《もう》さく。

いづ《ず》れが正しく、いづ《ず》れがよきかは、神代《かみよ》にはうけひ《い》や神占《かみうら》のありて、神籤《みくじ》に表《あらわ》るるものにてありしも、今はことのよしあしは、理《ことわり》のいかんによるものとはなりぬ。こたび○○○○、○○のことによりて、○○を訴《うった》へ《え》、（○○に訴へ《え》られ）弁護士○○を立てて諮《はか》りめぐらし、○月○日に、公《おおやけ》の裁《さば》きの行《おこな》はるることとはなりぬ。こたびも大神たちの御恵《みめぐ》みを蒙《かがふ》らんとして、拝《おろが》み奉《まつ》るさまを聞《きこ》し召《め》して、おのが主張《ものいい》の正しく直《なお》く、枉《まが》ることなく負《ま》くることなく、一《ひと》つらなる神の正道《まさみち》踏み貫《つらぬ》きて、世の人々にもこの正しき理《ことわり》を悟《さと》らしめ給へ《え》と、恐《かしこ》み恐みも（乞《こ》ひ《い》のみ奉《まつ》らくと）白《もう》す。

【祝詞の解説】

人と人との考えの行き違いから、示談《じだん》では済まずに裁判になることが多くなりました。自分の正しさを主張し、訴えるほうにも、訴られるほうにも使えるものにいたしました。

【祝詞の訳文】

（この神棚にお鎮まりになる）言葉に掛けて申し上げるのも恐れ多い、大神様の御前に謹《つつし》んで申し上げます。どちらが正しくどれが良いかは、神代には「誓《うけ》ひ」や「神占」というものを用いて、神の御意志により決めましたが、今は物事の道理によるものとなりました。このたび〇〇〇は、〇〇のことで〇〇を訴え（〇〇に訴えられ）、弁護士〇〇を立てて相談をめぐらし、〇月〇日に公判が行われることとなりました。そのことにつきまして、このたび大神様たちの御加護をいただきたくお願いしますので、お聞き届けください。自分の主張が正直で道理を枉《まげ》ることも負けることもなく、一つの神の正道《せいどう》を貫き通しますので、世の中の人々にもこの正しい道理を悟らせてくださいと、かしこまって（お願い）申し上げます。

【コラム】さまざまな祓詞《はらえことば》

江戸時代中期以降成立の『中《なか》臣祓《とみのはらえ》』と題する祝詞集には、次にあげる呪文《じゅもん》のような祓祝詞が載っています。

当時は重視されていたのでしょうし、現在、教派神道で使われているものもあります。

ここには参考として、原文をいくつか載せておきます。

〔最要祓〕

高天原仁神留座須　皇親神漏岐神漏美之命袁以天　天津祝詞乃太祝詞乃事袁宣礼　如此宣羅波　罪止云罪　咎止云咎波　不在物袁止祓賜比清賜登中事乃由袁　諸神等左男鹿乃八乃耳乎降立天聞食登申寿

〔最上祓〕

高天原天津祝詞乃太祝詞持可々牟呑天牟　祓賜比清賜

〔三種大祓〕

吐普加身依身多女　寒言神尊利根陀見　波羅伊玉意喜餘目出玉

〔一切成就祓〕

極弖汚毛滞無礼波　穢者有羅之　内外乃玉垣清浄登申寿

〔十種神宝〕

瀛都鏡　邊都鏡　八握剣　生玉　死反　足玉　道反玉　蛇比礼　蜂比礼　品々比礼

このほか、**六根清浄大祓**や**身曽《みそ》貴《ぎ》大祓《おおはらえ》**というものもありますが、とても長い祓祝詞ですので、ここでは割愛いたしました。

第七章　新規購入・廃棄に関する祈願

家庭において新規に何かを購入する、または古くなったものを廃棄する場合に、お清めのお祓いを兼ねた祝詞をあげ、技術の向上や、これまで役立ってくれたことに感謝いたします。

1 新車購入安全祈願

——安全運転を心がけ、無事故であることを祈ります

(これの神床《かむとこ》に鎮《しず》まります)掛《か》けまくも畏《かしこ》き大神《おおかみ》たちの御前《みまえ》に恐《かしこ》み恐みも白《もう》さく。

世《よ》の開《ひら》け行《ゆ》くまにまに、人の行《い》き来《き》のいや盛《さか》りに、なりまさるにつれ、諸々《もろもろ》のなりは《わ》ひ《い》もまた真盛《まさか》りになりゆきて、ここに新たに車を購《あがな》ひ《い》求めたる由《よし》を、平《たいら》けく安《やすら》けく聞《きこ》し食《め》して、(この新車、ナンバー〇〇〇〇の)執《と》るハンドルに過《あやま》ちなく、玉鉾《たまほこ》の道の長手《ながて》も短路《みじかじ》も、迷ふ《う》ことなく、道行く人を損《そこ》なふ《う》事、傷つくる事もあらしめず、乗る人たちをはじめ、積み込む荷物に至るまでも、八十《やそ》の禍事《まがごと》もあらしめず、大神等《たち》の御魂《みたま》の魂《たま》ちは《わ》ひ《い》まして、夜《よ》の守《まも》り日《ひ》の守《まも》りに守《まも》り恵み幸《さきわ》ひ《い》たまへ《え》と、恐《かしこ》み恐みも白《もう》す。

【祝詞の解説】

自動車もマイカーと言われるように、その家の必需品の一つとなっています。新車の**納車となると、神社に行って車祓・交通安全祈願をします。**それと同時に、家の神様にもきちんと奉告して安全運転を心がけたいものです。

【祝詞の訳文】

（この神棚にお鎮まりになる）言葉に掛けて申し上げるのも恐れ多い、大神様の御前に謹《つつし》んで申し上げます。世の中が進歩し開けていくのに合わせて、人の往来もますます盛んとなります。それにつれて、諸々の産業もまた盛んになって、私もまた新車を購入しましたので、ぜひ御心穏やかにお聞き届けください。（この新車、ナンバー〇〇〇〇の）運転にあたりハンドル操作に過誤なく、長距離の道も近場の道路も道に迷うことなく、乗る人たちを始め、積み込む荷物に至るまでさまざまな災いもなく、大神様たちの御加護により、夜も昼も幸せに過ごさせてくださいと、かしこまって申し上げます。

2 自転車購入安全祈願

——簡便な乗り物だからこそ安全運転を心がけましょう

（これの神床《かむとこ》に鎮《しず》まります）掛《か》けまくも畏《かしこ》き大神《おおかみ》たちの御前《みまえ》に恐《かしこ》み恐みも白《もう》さく。

自転車は小回りの効《き》くよき乗物《のりもの》と持《も》て囃《はや》さるるものにて、こたび（子の生《お》ひ《い》育《そだ》つことのまにまに・高校の通学のために・わが仕事のなりは《わ》ひ《い》のため）新たに自転車を購《あがな》ひ《い》求めたることの由《よし》を、平《たいら》けく安《やすら》けく聞《きこ》し食《め》して、漕《こ》ぎゆくペダルも軽やかに、握《にぎ》るハンドルに誤《あやま》ちなく、道行く道の八街《やちまた》に障《さわ》ることなく、恙《つつ》むことなく、大神等《たち》の御魂《みたま》の幸《さき》は《わ》ひ《い》たましして、夜《よ》の守《まも》り日《ひ》の守《まも》りに守《まも》り恵み幸《さきわ》ひ《い》たまへ《え》と、恐《かしこ》み恐みも白《もう》す。

【祝詞の解説】

自転車を購入しても、神社でお祓いしてもらうことはあまりないと思われます。しかし利用度も多く、事故も多発しています。自転車の乗り方にも、ヘルメットの着用や損害賠償責任保険などいろいろと厳しい昨今、神様に祝詞をあげてきちんと奉告して安全運転を心がけたいものです。

【祝詞の訳文】

（この神棚にお鎮まりになる）言葉に掛けて申し上げるのも恐れ多い、大神様の御前に謹《つつし》んで申し上げます。

自転車は小回りが効く良い乗り物だとよく褒められるものですが、このたび（子供の成長にしたがって高校の通学のために・仕事の手段として）新たに自転車を買い求めたことを御心穏やかにお聞き届けください。ペダルを漕ぐのも軽やかに、ハンドル操作を間違えることもなく、走り行く道のあちこちに事故や嫌なこともなく、夜も日もお守りいただきお恵み幸せを与えてくださいと、かしこまって（お願い）申し上げます。

3

交通安全祈願 電動キックボード

——思いがけない事故に遭わないように安全運転を誓います

（これの神床《かむとこ》に鎮《しず》まります）掛《か》けまくも畏《かしこ》き大神《おおかみ》たちの御前《みまえ》に恐《かしこ》み恐みも白《もう》さく。

世の進みゆき、人の行き来《き》の盛んになるにつれ、様々《さまざま》の乗り物のいでくるものにて、またそのままに、あまたの災《わざわ》ひのゆくりなく起《お》くる世とはなりぬ。こたび電動キックボードを購《あがな》ひ《い》、ここかしこに通《う》ふ道の八街《やちまた》を行《ゆ》き巡《めぐ》るに、小回りの利《き》く乗り物の便《たよ》りよき蔭《かげ》に、ともすれば災《わざわ》ひ《い》の胤《たね》ともなりぬべきこともあれば、心して使《う》ふが上に、大神たちの恩頼《みたまのふゆ》を蒙《かがふ》らしめ給《たま》へ《え》と、拝《おろが》み奉《まつ》るさまを聞《きこ》し召《め》して、今《いま》ゆのちもこれに乗るごとに、大神たちの御恵みの幸《さきわ》ひ《い》給ひ《い》、喪《も》なくことなく、ゆくりなき災《わざわ》ひ《い》もあらしめず、守《まも》り導き給へ《え》と恐《かしこ》み恐みも（乞《こ》ひ《い》のみ奉《まつ》らくと）白《もう》す。

【祝詞の解説】

自転車の交通規則が強化されてヘルメットの着用が努力目標となったり、一方で、人込みを縫うようにスケート・ボードがすり抜けることを危ないと感じたり驚いたりします。電動キックボードも見かけるようになりました。乗る側も、街を歩く側も交通安全に気をつけたいものです。

【祝詞の訳文】

（この神棚にお鎮まりになる）言葉に掛けて申し上げるのも恐れ多い、大神様の御前に謹《つつし》んで申し上げます。

世の中が進歩し人の往来が盛んになるにつれてさまざまな乗り物ができるので、それに比例して多くの交通事故が思いがけずに起こる時代となりました。今度、電動キックボードを購入し、あちこちへ行く際に利用していますが、小回りの利く乗り物で便利がよい一方、ややもすれば交通事故の原因になることもあり注意して使います。そこで大神様たちの御魂の御加護をいただきたいという願いをお聞き届けください。今後もこれに乗るたび、大神様たちの御神威が盛んになられ、嫌なことや変なこともなく、予期せぬ事故もなくお守りお導きくださいと、かしこまって（お願い）申し上げます。

4 スマートフォン新規購入清祓
——災いの原因とならぬよう注意を払います

(これの神床《かむとこ》に鎮《しず》まります)掛《か》けまくも畏《かしこ》き大神《おおかみ》たちの御前《みまえ》に恐《かしこ》み恐みも白《もう》さく。

この供《そな》へ《え》奉《まつ》るスマートフォンはも、携帯電話に様々《さまざま》の機能《しくみ》を加《くわ》へ《え》たるものにて、この一つもて多くの用《こと》をなし得《う》る、まことにいみじきものにこそあれ。さればまた、人の暮らしに益《えき》あるものの蔭《かげ》に、災《わざわ》ひ《い》の胤《たね》ともなりぬべきこともあれば、今《いま》し大前に供《そな》へ《え》奉《まつ》りて、むらぎもの心づくしに拝《おろが》み奉《まつ》るさまを聞《きこ》し召《め》して、大神たちの大御稜威《おおみいつ》により祓《はら》へ《え》給《たま》ひ《い》清め給ひ《い》て、今ゆのちも、こを使《つか》ふ《う》ごとに大神たちの御恵みの幸《さきわ》ひ《い》給ひ《い》て、人と人との繋《つな》がりの誤りや、ゆくりなき災《わざわ》ひ《い》もあらしめず、よき方《かた》に導き給へ《え》と、恐《かしこ》み恐みも(乞《こ》ひ《い》のみ奉《まつ》らくと)白《もう》す。

【祝詞の解説】

スマートフォンの利用頻度は年々高くなる一方で、ＳＮＳを利用する際の事故が多発しています。便利な器具ですが、使い方次第では人間関係に摩擦を生じたりします。新しく購入した時は神棚にお供えして、お祓いをしたあとに使うようにしてください。特に、初めて使う高校生などは誤った使い方をしないように心を込めて祈りましょう。

【祝詞の訳文】

（この神棚にお鎮まりになる）言葉に掛けて申し上げるのも恐れ多い、大神様の御前に謹《つつし》んで申し上げます。

このお供え申し上げるスマートフォンは、携帯電話にさまざまな機能を付けたもので、この一台で多くの用をなすことができる実にすばらしい道具です。そのため人間の生活に益がある一方、よからぬことの温床となってしまうこともありますので、今、大前にお供えして懇《ねんご》ろにお願いすることをお聞き届けください。大神様たちの盛んで大きな御神威により、お祓いくださりお清めください。今後、これを使うたびに大神様たちの御加護が盛んとなり、人と人とのつながりに不適切なことや予期しない被害や問題もなく、良い方向にお導きいただきたく、かしこまって（お願い）申し上げます。

5 人形・ぬいぐるみ清祓

——長年、思い入れのこもった人形に感謝を込めて

（これの神床《かむとこ》に鎮《しず》まります）掛《か》けまくも畏《かしこ》き大神《おおかみ》たちの御前《みまえ》に恐《かしこ》み恐みも白《もう》さく。

風の音《と》の遠き神代《かみよ》より、人や生《い》き物《もの》の形《かたち》を形代《かたしろ》として、御霊《みたま》の憑《よ》りつく、また依《よ》り移る憑代《よりしろ》と思ひ《い》考へ《え》、重《おも》くもてなしきたれる中《うち》に、これの家《いえ》にも、〇〇の折に買ひ《い》求めし〇〇人形のあるを、年月《としつき》のまねく経《へ》めぐりて、飾ることなく（汚れのいちじるく）、もてなす人もなく、また焚き上げ奉《まつ》るすべもなきさまを、あはれ《わ》にいかにと思ひ《い》悩みしも、こたび心さだめて、哀《かな》しくもまた忝《かたじけな》くもこの家《いえ》より罷《まか》り出《い》だすこととはなりぬ。

かれこの由《よし》を告《つ》げまつり、大神たちの大御稜威《おおみいつ》もちて清め給《たま》へ《え》と、拝《おろが》み奉《まつ》るさまを聞《きこ》し召《め》して、この人形《にんぎょう》に憑《よ》ります御霊《みたま》のあらむ《ん》をば、清め給ひ《い》て元《もと》の神坐《かみくら》に遷《うつ》り出《い》でまさしめ給ひ《い》、心やすく罷《まか》り出《い》でたるのちも、これの家《や》の諸人《もろびと》の上を、元《もと》の神坐《かみくら》より見守《まも》り給ふ《う》べく申しなし給へ《え》と、恐《かしこ》み恐みも（乞《こ》ひ《い》のみ奉《まつ》らくと）白《もう》す。

【祝詞の解説】

長年、親しんできた人形やぬいぐるみには愛着があり、また、何かしら思い入れがあるので、ゴミとして簡単に廃棄できないという心情があります。人形やぬいぐるみのお焚き上げや、供養をしている社寺はあまり多くありませんし、行政の条例などでお焚き上げのできない地域では、社寺に納めることができない場合もあります。そのような時は、この祝詞を神棚にあげて清め、**人形を米塩で祓ったのちに廃棄していただく**ことをおすすめいたします。

【祝詞の訳文】

（この神棚にお鎮まりになる）言葉に掛けて申し上げるのも恐れ多い、大神様の御前に謹《つつし》んで申し上げます。

風の音に聞く遠い神代の昔より、人や生き物の形をしたものを形代と言って、神霊が憑《よ》りつく、また、依り移るものと考えて丁重に扱ってきました。この家にも、〇〇の時に買った〇〇人形があるのを、年月がずいぶんと経過して飾ることがなく（汚れがいちじるしくなって）、取り扱う人もなく、お焚き上げ申し上げる手段もない状況であることが気の毒で、どうすればよいかと思い悩んできました。このたび意《い》を決して、可哀そうでまた申しわけないのですが、この家から廃棄することにいたしました。それゆえ、これを御奉告し、大神様のお力でお清めをお願い申し上げることをお聞き届けください。この人形に神霊がおいでならお清めくださり、元おいでであった場所にお遷《うつ》りいただき、安らかな思いでお遷りなさったのちも、この家の家族をその場所からお守りくださるように（人形の神霊に）申していただきたく、かしこまって（お願い）申し上げます。

【コラム】
神《しん》拝《ぱい》略《りゃく》詞《し》について

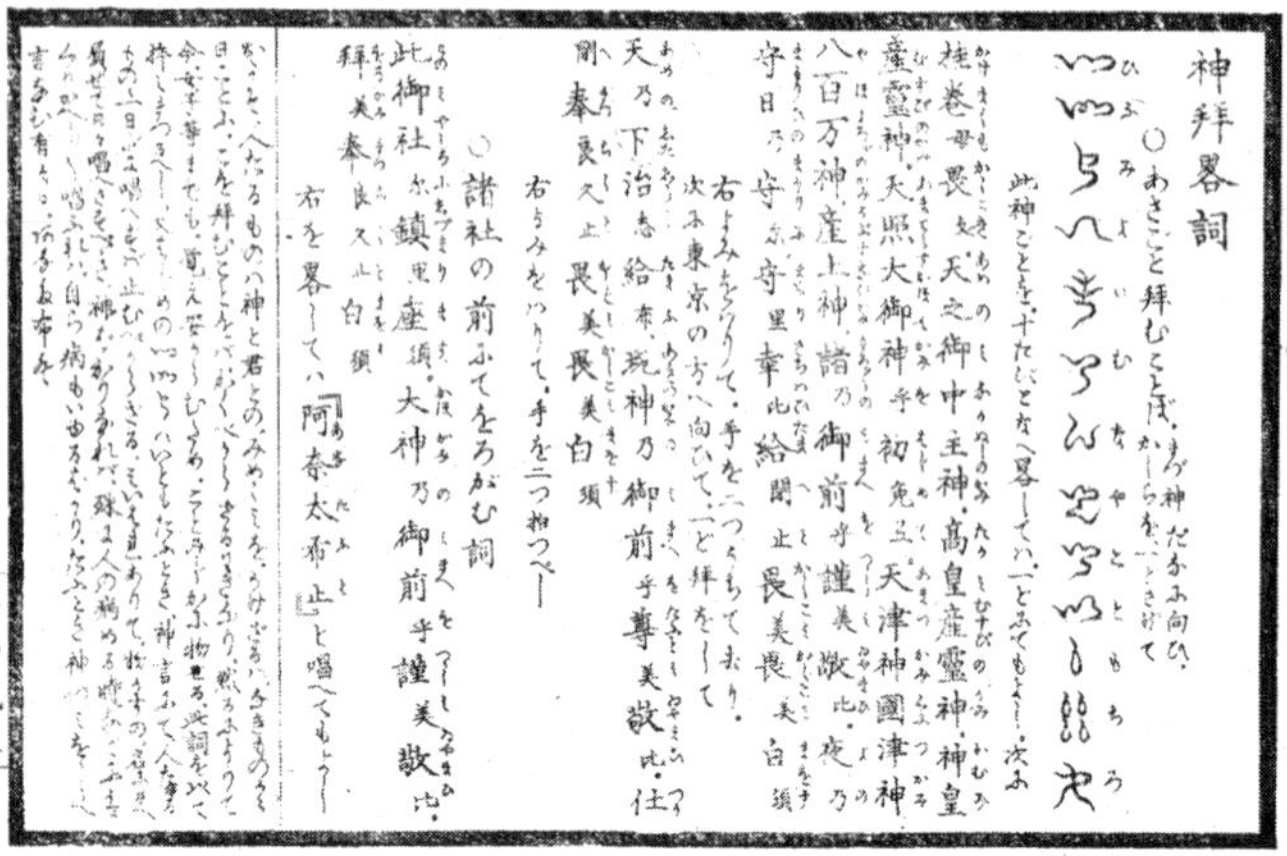
神拜畧詞
○あさごと拝むことば。まづ神だなに向ひ。かしらを一どさげて
此神ことばを十たびとなへ畧しては一どにてもよし。次に
掛巻母畏伎天之御中主神。高皇産靈神。神皇産靈神。天照大御神乎初免且天津神國津神八百万神達上神諸乃御前乎謹美敬比。夜乃守日乃守尓守里幸比給聞止畏美畏美白須
右よみをはりて。手を二つうちておがみ。次に東京の方へ向ひて。一ど拝をして
天乃下治志給布。現神乃御前乎尊美敬比。仕奉良久止畏美畏美白須
右よみをはりて。手を二つ拍つべし
○諸社の前にてをろがむ詞
此御社尓鎮座須。大神乃御前乎謹美敬比。拝美奉良久止白須
右を畧しては「阿奈太布止」と唱へてもよろし
八代蔵板

「神拝略詞」（著者蔵）

この「神拝略詞」という一枚刷りには、「あさごとに拝むことば」「諸社の前にてをろがむ詞」の二つが書かれています。

あさごとは毎朝のことで「東京の方へ向ひ《い》て」拝むとあるので、明治初年のものと思われますが、「八代蔵板」とある以外、刊行の経緯はわかりません。

「あさごとに拝むことば」には「まづ《ず》神だなに向ひ《い》、かしらを一どさげて」とあり、ひ、ふ、み、よ、い、む、な、や、こ、と、も、ち、ろの十三文字の神言が神代文字で書かれています。これを十度唱えます。

この神言は、幕末期に国学者の平《ひら》田《た》篤胤《あつたね》翁が神代文字とともに注目して世に広めたもので、現代でも古神道を奉じる方々に唱えられているものです。

十三文字は一《ひ》から十《と》までの数に百《も》、千《ち》、万《ろ》を加え、数の根源＝宇宙の神理を凝縮したものと言われます。

病気の時には何度も唱えれば治癒するとされ、明治初年にはこの「ひふみ」を神代文字で書いたものが流布しました。

第八章　神棚・祝詞・祭祀の基礎知識

1、家庭祭祀と神棚であげる祝詞

自宅の神棚で行う神様への祈り

家庭祭祀とは各家庭に神棚を設け、そこに神宮大麻《じんぐうたいま》（伊勢の神宮のお札）、地域の守り神様（一般に氏神様や鎮守様と言われます）のお札、その他の信仰や崇敬する神社のお札（または地域によっては歳神様《としがみさま》のお札などもあります）をお祀りし、その前で「祈り」を捧げることです。基本的には毎朝お供えもの（米・塩・水を基本としますが、季節の初物や特に何かをいただいた時にはお供えします）をし、朝拝、夕拝をすることですが、皇室ゆかりの祭日や自分にとって何か特別な記念日、また特に何かをお願いする場合なども含めて、神棚の前で祈願をすることを言います。

神棚の祀り方については別に掲げておきますが、棚を設け宮形に祀ることが一般的です。しかし、現代では各家庭の構造上難しい場合もあり、部屋の高く清浄な場所を、お札を祀る場と考えていただいてもかまいません。重要なことは、お札をお祀りしてその前に「祈り」を捧げることなのです。

「のりと（祝詞）」とは、神様に祈る神秘的なことば

「のりと」とは我が国の古いことばで、本来は「のりとごと」と言いました。神に祈る場所で「申し上げる言葉」という意味です。「のる（神に申し上げる）」＋「と（場所）」＋「こと（言葉）」を意味します。この「のりとごと」

が音便の変化から「のっとごと」「のとごと」となり、「のりと（祝詞）」になりました。漢字は神を称《たた》える「祝」＋ことば「詞」から成り立つ当て字です。要するに、祝詞とは神の前の決められた場所で申し上げる言葉であり、それだけ何か神秘で、威力のある言葉とされていたのです。そして、それは声を出して朗々と唱えることが重要なのです。日本語（大和言葉）には言霊《ことだま》といって言葉に魂が宿ると考えられています。その言霊に神霊が呼応し、感応《かんのう》するのです。祝詞には、神が威力を増す神秘的な言葉が織り込まれているのです。

「言霊《ことだま》」――良いことばが良い運勢を引き寄せる

言霊とは言葉に魂が宿り、言葉が活動を起こすと信じられたもので、言霊信仰とも言います。最古の歌集である『萬葉集《まんようしゅう》』に「言霊の助くる国ぞ（巻十三、三二五四）」「言霊の幸《さき》はふ《わう》国と（巻五、八九四）」とあり、実際に言霊が活動していたことがわかります。現代でも、例えば結婚式で「切れる」「別れる」など、また受験生の前で「落ちる」「滑る」などと言わないのは言霊信仰の名残りで、言霊が悪いほうへ活動することを懸念し忌み嫌うからなのです。逆に、良いことばを言えば良い結果がもたらされると信じたのです。

古代の日本人は言葉を大切にしました。なぜならば、日本民族は文字を持っていなかったからです。文字を持たない民族は「ことば」を重視しました。民族の伝承であり神話である『古事記』は諳記を職業とする「語部《かたりべ》」という稗田阿禮《ひえだのあれ》が「ことば」として記憶したものを太安萬侶《おおのやすまろ》が文字として記録したものなのです。

言葉に文字以上の重要なものを見、それが生きていると信じたのです。

良いことばを言うと、良いことにつながる、悪いことを言うと悪いことが起こる、このように言霊を重視していたのです。祝詞は古いことばですから、この考え方が基本にあります。良いことばを発して、言霊の威力によって神様に反応していただき、その良いことばのほうへ物事が進んでいくと考えたのです。ですから、声を出して朗々と唱えることが重要なのです。このようなことから、神社祭祀においては祝詞を神様にはもちろんですが、参列者にも聞こえるよう拡声機器などを利用して広く行き渡らせています。祝詞を聞くことが、その言霊の威力を蒙《こうむ》ることにつながっていくのです。

祝詞は美しい古い時代のことばで成り立つ

祝詞は神様に申し上げる言葉で、間違えてはならない慎重なものとされてきました。本来は、まだ平仮名《ひらがな》が使用される前（平仮名は平安時代の早期から一般に使われ始めた）の時代のものですから、助詞・助動詞等の表記に『萬葉集』に見られる一字一音の萬葉仮名を用い、一行を二行に分かち書きにする宣命体《せんみょうたい》（宣命書き）という古い書式で書かれることを原則としました。宣命とは、奈良時代に天皇の御命令を文字化したもので、助詞・助動詞を二行に分かち書きにしました。そして、その表記は「歴史的仮名遣《れきしてきかなづかい》」で書かれています。

「歴史的仮名遣」は戦後「現代仮名遣」に改まって八十年近くになりますが、言霊を重視する点では千年以上の昔から書かれてきた表記ですから、現代でも祝詞はこの表記によります。神社で神職が奏上する現代の祝詞も、この歴史的仮名遣いと助詞・助動詞等の萬葉仮名表記の宣命体の形を守って書かれています。それは次のような表記になります。

掛介萬久茂畏伎皇大御神乃大前爾　（掛けまくも畏き皇大御神の大前に）

ただし、本書は助詞・助動詞などについては読みやすくするために萬葉仮名表記を平仮名表記とし、宣命体を一行書きにしました。読者が祝詞をお書きになる場合の注意点は、第八章の２「神棚祝詞の書き方」を参照してください。本書の祝詞の表記は、言葉の響きを重視する言霊を考えて歴史的仮名遣ですが、読みやすいように現代仮名遣のルビをふってあります。なお、本書の神様のお名前の表記は『古事記』によります。

祝詞の構成と決まっている単語

祝詞の構成には大方の決まりがありますが、中心は各自の願い事ではなく、神様の威力を称え感謝することにあります。神様はその言霊の力により神威（御稜威＝みいつ）を高め増します。御神威をいただき、それによって願い事が叶えられるのです。さまざまな構成のしかたがありますが、基本は次のようになります。

㋑相手の神様のお名前を申し上げます
㋺自分の名前を申し上げます
㋩神徳を称え、感謝します
㋥祈りの内容、趣旨を伝えます
㋭お供えについて申し上げます
㋬具体的な祈願内容を申し上げます
㋣重ねてお願いをします

これが基本の形で、これを取捨選択して一つの形にしていきます。例文をあげます。

ⓘこの神棚《かみだな》に斎《いつ》き奉《まつ》る、掛《か》けまくも畏《かしこ》き大神《おおかみ》たちの大前《おおまえ》に

（この神棚にお祀りしています、言葉〈心〉に掛けて思うのも畏れ多い神々様の御前に）

ⓡ山田の太郎恐《かしこ》み恐《かしこ》みも申《もう》さく、

（山田太郎が謹《つつし》んで申し上げます）

ⓗ大神《おおかみ》たちの高く尊《とうと》き大御稜威《おおみいつ》を仰《あお》ぎ奉《まつ》り称《たた》へ奉《まつ》り、厚き広き恩頼《みたまのふゆ》を蒙《かがふ》り奉《まつ》りて

（大神様のすばらしく偉大なお力を仰ぎ称え申し上げ、大きく広大な御魂の御加護をいただいて）

ⓝこたび母、山田の花子の病気平癒を乞《こ》い祈《の》み奉るとして

（今日は、母山田花子の病気平癒をお願いしたいのです）

ⓗ御饌神酒《みけみき》供《そな》へ奉《まつ》りて拝《おろが》み奉《まつ》るさまを聞《きこ》し食《め》したまひ《い》

（そのためお食事やお酒などをお供えして拝む様をお聞き届けになられ）

ⓗ一月《むつき》の末《すえ》より病《やま》ひ《い》の床《とこ》に伏《ふ》し、苦しみ悩むさまをみそなは《わ》して、大神たちの大御稜威《おおみいつ》によりこの病ひ《い》を癒《い》やしたまひ《い》速《すみ》やけく元のごとく穏《おだ》ひ《い》なる暮らしに立ち返らしめたまへ《え》と

（実は一月の末から病床にあって、苦しんだり悩んだりする様子を御覧いただき、大神様のお力によってこの病気をお治しいただき、早く元のように平穏な生活にお戻しくださいませと）

ⓣ畏《かしこ》み畏《かしこ》みも申す。

（恐れ謹んで申し上げます）

基本形はこれで、いろいろと加えればさらにすばらしい祝詞になります。また、簡略化することもできます。

本書掲載の祝詞を神社で奏上する

本書の祝詞は家庭祭祀の場を考えて作成しておりますが、構成の㋑の部分を神棚ではなく、神社名に置き換えることによって神社の前で奏上することもできます。

例　この神棚に斎き奉る、掛けまくも畏き大神たちの大前に

↓　掛けまくも畏き□□の神社（例　稲荷　八幡）の大前に

現在、神職は一万名、神社は八万社あると言われています。地方では神職が数社を兼務しているため常駐できず、神職不在の神社がいくつもあります。祝詞は基本は神職が奏上するものですが、このような場合は祈願者が心を込めて奏上し、神威を高めることも重要です。あるいは神社総代さんが奏上してはいかがでしょうか。このように、神職が不在の神社での祈願にも使えます。

一度に二つのお願いをする場合は、最初の祝詞のあとに続けます。「恐み恐みも、白す」のあとに「また申さく」を入れて、次の祝詞を読み上げます。ただその場合は最初の「掛けまくも畏き——恐み恐みも申さく」を省略して始めます。また特別にお願いをする場合には、

辞別《ことわき》て白《もう》さく　（特別に申し上げます。）

として、続けます。この場合は特別なことなので、あまり長くならないように簡潔に申し上げます。例えば「我が心に思ふ願《う》ひ《い》ごとを叶へ《え》給へ《え》」「我が子の身の上を護り給へ《え》」などというものです。勿論これも決まりがあるわけではありませんので、長いものでも構いません。心の中で強く祈ることが大切です。

2、神棚《かみだな》祝詞《のりと》

神棚の祀り方

神棚は、その家の中心になる居間などの明るい場所を選び、南か東に向けて棚を掛け、中央に宮型をお祀りします。なるべく頭より高い位置がよいのですが、昔から床の間にお祀りしている家庭ではそれでも構いません。また、神棚の上の階に人が生活していて、その上を足で踏むことがないように配慮します。家屋の構造上無理がある場合は仕方ないですが、その場合は宮型の上の天井に「雲」「空」などと書いた紙片を貼り、この上に人が生活していないことにして神様に御理解をいただきます。

宮型は近くの神社か神具店へ行き購入しますが、さまざまな種類があり、ことに近年は若い人向けの斬新な形も販売されています。初めて神棚をお祀りする方は、自分の考えに似合うものを選ぶとよいでしょう。経年で痛みや汚れが目立ってきますが、その場合は一回り大きな宮型に買い替えるのもよいと思います。古い宮型は神社に納めてお焚き上げしていただきます。

宮型には一社型と三社型があり、その中に神社からいただいたお札（神札）をお祀りします。一社型の場合はいくつかのお札を重ねますが、表面が伊勢の神宮の大麻（「天照皇大神宮」と書いてある神宮大麻）、地域の氏神神社のお札、その他の崇敬する神社のお札の順に重ねます。三社型は中央に伊勢の神宮の大麻、向かって右に氏神神社のお札、向かって左にその他の崇敬する神社のお札をお祀りします。中央にお祀りした神宮大麻からみて左が高位、右がその次にあたります。そのためお供えなどをする順序も、神棚に向かって、中央↓右↓

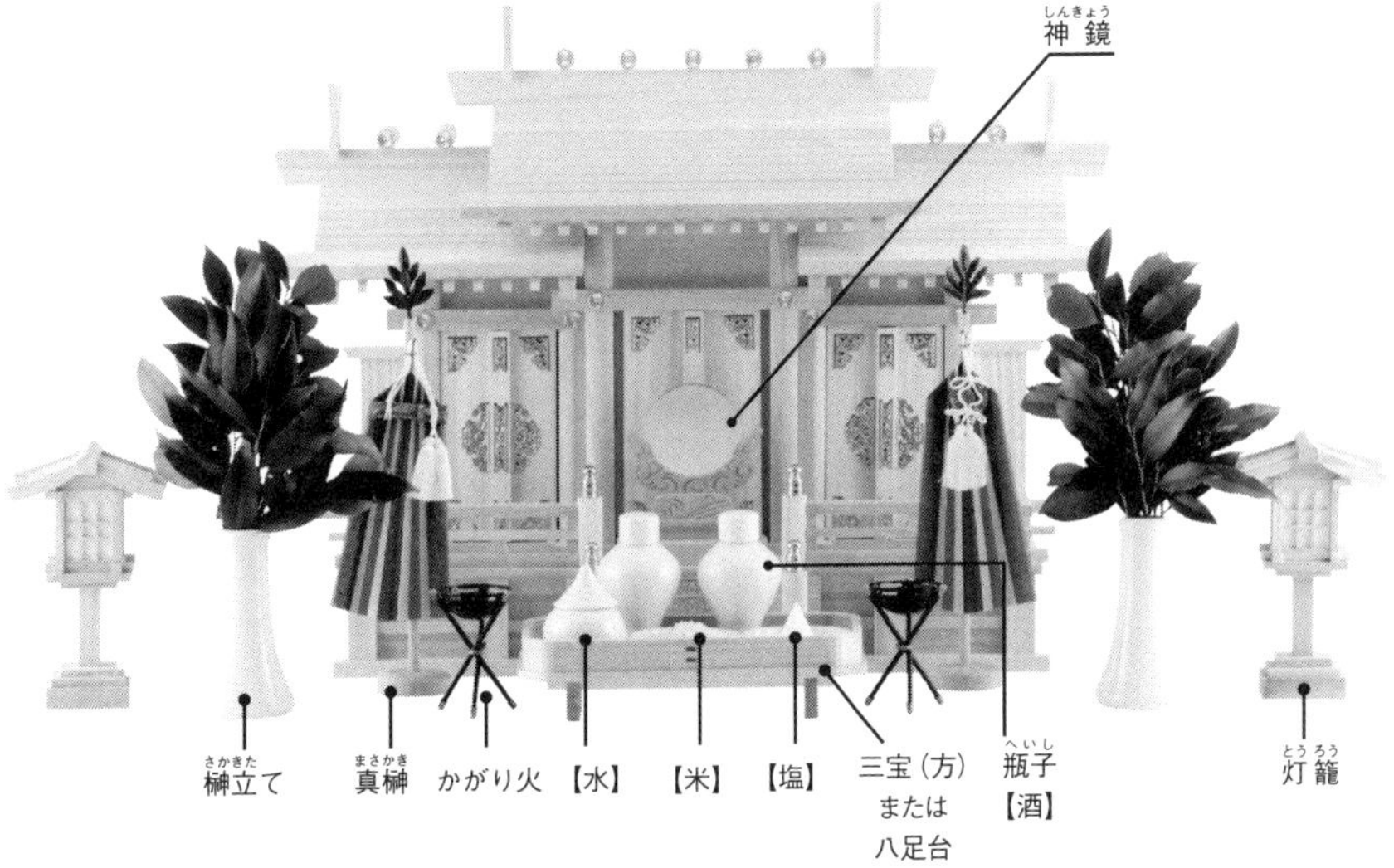

神棚の祀り方　写真提供：神棚の里　静岡木工

左の順になります。宮型の扉はほこりなどが入らないように閉めておきますが、何か特別な日や祈願をする場合には開けることもよいでしょう。

宮型の左右には榊を榊入れに立てます。この榊は枯れることがないように水替えや、枯れたものを取り除くなどの手入れが必要となります。殊に夏場は水が腐りやすいので注意が必要ですし、このごろは外国産の榊が多く、長持ちしないものがあって、枯れたら新しいのに替える必要があります。神様の御威力は榊が枯れるのと同様に枯れると考えてください。なお榊には大きな葉の真榊《まさかき》と、やや小さめの姫榊《ひさかき》がありますし、また地域によっては榊以外の常緑樹を使うところもありますので、それはそれでかまいません。国産の榊は長持ちしますし、日本文化興隆財団を始め、ネットで検索すれば入手できます。

宮型の前にはお供えをする神具として遠山《とおやま》三方や水器・土器《かわらけ》、神酒を供える瓶子《へいし》が必要となります。これらのものは宮型の購入時に一括して求めるとよいでしょう。御神前には、洗米・塩・水の三品をこの順（神棚に向かって、中央→右→左）に三つの神具でお供えします。

まず、半紙を遠山三方の大きさに見合った大きさに切り、搔敷《かいし》きとします。この折り方にも吉事と凶事との違いがあります。米と塩は別々に土器に盛りますが、米は事前に洗って乾燥させておき、山形に盛ります。塩は食塩（塩化ナトリウム）ではなく、海の塩（荒塩）がよく、これも山形に盛ります。塩を山形に盛る盛器も神具店にあります。水は水器に入れて、お供えし、祈願するときには蓋を取ります。神酒は瓶子にいれて神前の左右にお供えしますが、これも祈願の時には蓋を取ります。お供えも祈願が済んだり、一日が終わったらおさげします。放置しておくと虫がたかるなど汚《よご》れの原因になりますから要注意です。特に大切な祈願をしたり、お礼参りや節目の記念日などには特別なお供えをしましょう。そしてそのことを祝詞に入れましょう。

そのほか、宮型に入らない木札や大きな神札は宮型の両側にお祀りします。その順序も神棚に向かって、右→左の順になります。注意しなければならないのは神社以外のお札はここにはお祀りしません。寺院などのものは仏壇やしかるべき場所に安置してください。なお、神札は新年に新しいものに替え、古札は神社に納めてお焚き上げしていただきます。これは、神様の威力は一年ごとに更に大きくなると考えられているためです。ただ「十一月ごろに旅行先で求めたお札を、数か月でお焚き上げするのはどうも」といった声を聞きますが、その場合はもう一年お祀りされてもよいと思います。すべて心の持ちようです。なお、年末の神棚のお祀りは十二月二十八日までに済ませたいものです。二十九日は九が「苦」に通じることから避ける習慣があります。三十一日は一夜飾りでこれもよくないとされています。神前にはしめ縄を張り、そこには紙垂《しで》を四つ、等間隔で下げます。しめ縄や紙垂も地域差があり、さまざまなものがありますので、ここには一般的なものの写真を掲げておきます。

そのほか、特別なものや初物、頂いた物など、あらゆるものをお供えをして神様にお目にかけるようにします。お下げしたお供えものは家族でいただきます。日本の祭祀の根本に、神人の共食という考えがあります。神様にお供えしたものを分かつことで、神の恩頼《みたまのふゆ》を体内にいただくことになると考えていたのです。また、お参りの時に灯《あか》りをつけることがあります。蠟燭《ろうそく》に火を灯《とも》したり、電気の照明などさまざまですが、火の使用には十分留意したいものです。いずれにせよ、神棚が家庭の中心であるという感覚を持つことが大切です。

神棚参拝の基本作法

日本人の生活は本来、畳の上に座ることを行動規範とする座礼《ざれい》が基本でした。今日では、畳の部屋があっても椅子に座りベッドに寝るなど、主に立礼《りゅうれい》が基本となっています。神社参拝も、江戸時代の古い絵などを見ると神前に土下座して拝んでいます。家庭でも座礼でお参りすることが基本ですが、立ってお参りしても差し支えはありません。足腰が悪い方は椅子に座ったままでも大丈夫です。神様はお見通しですから御安心ください。

神棚参拝の作法　写真提供：神棚の里静岡木工

まず、参拝の前には気持ちを落ち着かせます。手を洗い、口を漱ぎ、衣類の乱れを直します。神様に近づくためには、こちら側ですべきことがあるのです。用意した祝詞やこの本は懐中にいれておくか、神棚近くのしかるべき台などにあらかじめ置いておきます。

次に「祓詞《はらえことば》」をあげて身を清めますが、方法は第八章の３「祓詞」の項を参照してください。これは省略しても構いません。

次に神前の中央に進み、軽く一礼します。その後、一歩進み停止し、二度深い礼をします。これは腰から折る最敬礼です。次に祝詞を取り、神前に押し頂き、目の位置よりやや低い位置に展《ひろ》げて朗々と読み上げます。言霊の活動を活発にするように工夫して読むことが必要です。読み方は特に決まりはありませんが、最後を「畏《かしこ》みー、畏みーもー、白《もう》ーすー」と重い切り方をします。読み終えた後は元のように閉じ、懐中します。その後、深い礼を二度行い、拍手を二度打ちます。拍手はまず両手を同じに合わせ、右手を指の長さくらい手前にずらし、肩幅に両手を広げて打ちます。その後また手前にずらした右手を元にあわせます。そして深い礼を一度します。その後、一歩後ろでさがり、そこで軽く神前に一礼をしてさがります。これを一般的に二礼二拍手一礼と言っております。

座礼の場合は神前の中央に進み、軽く一礼した後、一歩進み着座します。その後の作法は立礼の時と同じです。二礼二拍手一礼ののち後ろへ立ち、そこで軽く神前に一礼をしてさがります。

神棚祝詞の書き方

本来、祝詞はその祭儀のたびに浄書《じょうしょ》されるもので、奉書一枚を横に置き、毛筆でていねいに書き、それを七折半に折ります。家庭祭祀に用いる祝詞は和紙、洋紙何《いず》れであれ、また、毛筆を使わなくとも自分の祈願の心を示して、ていねいに書くことが大切です。紙の大きさなども特段の決まりはありません。七折半《ななおりはん》が難しい場合には蛇腹《じゃばら》のように折本の形に折って使うこともよいでしょう。なかなか時間が取れない方は、本書をそのまま開いて使うことをお勧めします。

祝詞の表記は、助詞助動詞にあたる部分を万葉仮名で小文字（又は二行に割る）で書くことになっておりますが、家庭祭祀用にはわかりやすさを優先して本書は平仮名書きにしました。この表記でも構いません。

神棚の歴史

各家庭に神棚をお祀りして、それなりの祭祀を営んでいた歴史はかなり古いと思われますが、明らかなものはわかりません。『萬葉集』などにも家の神に祈願する歌は見えますが、それが今日の神棚のように恒常的にお祀りされていたものか、または一時的なものかはわかりません。

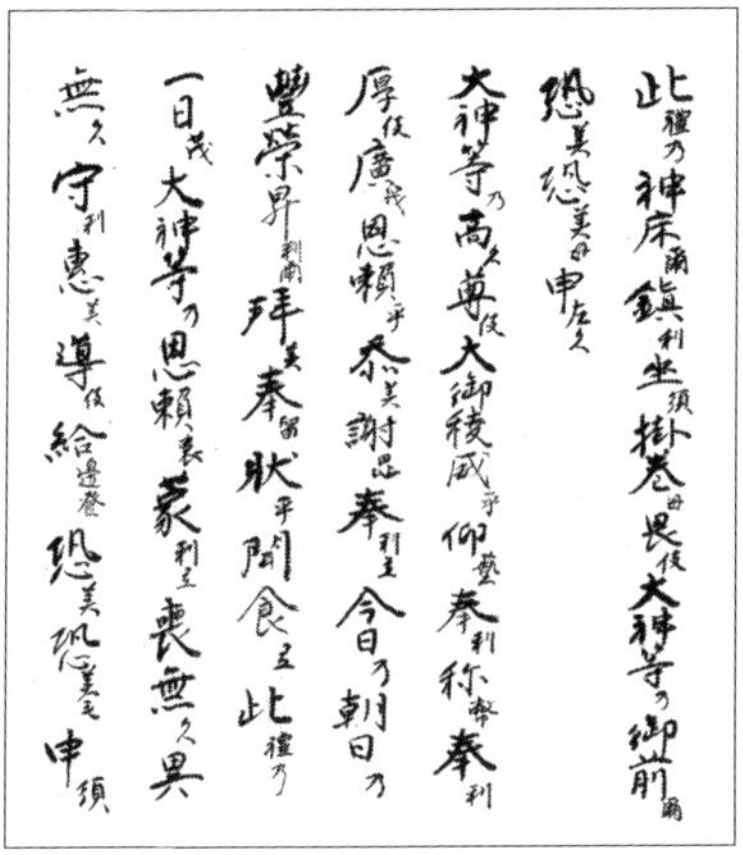

祝詞（著者書く）

神棚祭祀の始まりは、毎年の年初に年神《としがみ》（歳神）をお迎えして新年を祝った「年神棚」に求められます。新年にはその年の新しい力を持った「年神」が来訪し、家族からの祝福のお札に一族に今年一年の霊力や魂を授けていくという信仰がありました。その名残りが「お年玉」です。お年玉の「玉」は魂のことです。年神は「年神様」「お正月様」とも呼ばれます。「年神」の正体は明らかではありませんが、民俗学ではこれを祖先の霊、または稲の魂であろうとしています。また祖霊の鎮まるところは近くの山であるとも言います。お正月が近づくという感覚は、この年神様の来訪が近づくと言ったところからくるものだったのです。「お正月様ござった、どこまでござった、山までござった。お正月様ござった、どこまでござった、里までござった」という俗謡や「はやくこいこいお正月」の歌は、年神の来訪を待つ感覚と受け止められていたのです。

新年を迎えるにあたり、各家庭の都合の良い場所に「年神棚」が設けられました。そこには神が憑依《ひょうい》する何かしらのものが祀られ、米や餅、酒を始めさまざまな物がお供えされます。そして「年神棚」が祀られていることを示す印が「門松」であり「しめ縄」だったのです。常に若々しい、枯れない常緑樹の松（またはそれに代わるもの）を立てることが、新しい命、魂の宿る象徴だったのです。地域によっては、この門松に藁苞《わらづと》を吊るし、そこにお供えをする所もありますが、それはこの名残りなのです。

年神はこの門松の立つ家に来訪し、年神棚に祀られ、お供え物を受け、願い事を聞き届けて今年の幸福を約束し、新年の年魂を授けたのです。そのお供え物をおろして、家族で頂いた物が「お雑煮」の始まりです。このように見てみますと、「お年玉」「門松」「お雑煮」などもみな年神信仰から始まったものなのです。

年神は正月が終わると、元の場所へお帰りになります。棚は一年に一度のものですから処分されていました。このような時代がかなり長かったのでしょうが、この年神様に一年中おいでいただきたいという思いが時代と共に強くなり、棚を壊さずに恒常的に設けておくことになりました。このようにして今日見る神棚が発生しました。また台所の火の神様、井戸の神様などの生活に関する神もそれぞれの場所に祀られるようになり、便所（東司《とうす》）の神様などは禅宗との関係がいわれています。一方、恵比寿棚《えびすだな》や大黒棚《だいこくだな》などの特別な神（仏）をお祀りする棚もできてきました。

江戸時代になりますと、版木《はんぎ》でお札を刷る技術も向上し、紙の量産もあって、神札が作られました。そして伊勢の神宮を始め各地の御利益がある神社がそれぞれの地域にお札を配る檀家制度が、各村における講社の結成と相まって確立し、特に神宮は伊勢講、お伊勢参りなどといった信仰が高まりました。御師《おし》と呼ばれる神職がお札を配り、それが各家庭の神棚に祀られました。ただこの時代の伊勢のお札は「剣祓《けんはらい》」「お祓いさん」と呼ばれているように、祈願をする対象ではなく、身の穢れを祓う力のあるものとされていました。その一方で、盗賊除のお札は門口に貼り、火伏《ひぶせ》札は台所、家内安全は神棚など用途に応じた神札が祀られて、現在のような神棚の形に定着してゆきます。

明治になって、いままで御師が配布していた伊勢の神宮のお札（神宮大麻）は、明治天皇の思召《おぼしめ》しを受けて、明治五年に神宮が一括して全国に頒布することになりました。これにより各地の神社のお札も次第に整理されて今の形になりました。いつの時代も我々の先祖は神棚に祈願をして、心の安らぎを求めてきました。このように、目に見えない歴史の積み重ねを考えることが大切なのです。家庭祭祀には長い歴史による変化がありますが、人間の祈りの本質はいつの時代も変わることはありません。幸せを求め、心身の穢れを祓い、平和な世を祈ることはこれからも永遠に続くのです。このように思えば、家庭の中の小さな神様であっても大きな力を与えてくださると思います。

神棚が祀られている以上、そこで何かしらの祈願が行われていたと思われますが、古くはどのような祝詞が使われていたかはわかりません。徳川時代の中期ごろからいくつかの祝詞が作られていて、私の手許にあるものでは日峰軒という人物がまとめた元禄六年四月刊行の『神祇道宗源諸祓』という祝詞集があります。これは朱印帳のような折本なので神前での使用を考慮にいれたものです。ここには「日祭祓」のほか月祭祓、祈年祓、役年祓、上津祓、中津祓、下津祓、釜神祓、五穀祓、産生祓、山神祓、海神祓、船魂祓、酒所祓、軍神祓、井水神祓の十六種の祝詞が収められていますが、すべて「―祓」となっていることに注目できます。祈願は自分が祓われることによって達成されると考えられていたのです。神宮の大麻や神社のお札もこの時代は「御祓」と呼ばれていたのです。

もう少し時代が下がって、国学者の本居宣長《もとおりのりなが》に「毎朝拝神式」という著作があります。これは毎朝の朝拝のことを書いたもので、まず卯辰の方向を向いて四回拍手し伊勢の内外宮、別宮を拝みます。その後、東方向に向き四回拍手、高御産巣日神と神産巣日神、ついで戌亥方向に向き四回拍手し、出雲熊野、さらに四回拍手し、杵築大国主大神、常世少那毘古那大神、事代主、大年神、宇迦能御魂、竈大神、庭津日、阿須波、土乃御祖、御井の神を拝み、未申方向に向き吉野山水分大神、また、東方に向き直り伊勢乃國御魂、此邑総守護産土神、御厠、此坊守護山神を拝みました。すべてに「額《ぬか》づき」とありますので、座って行っていたのですが、祝詞は書かれていません。伊勢の松阪にある本居家は毎朝、このように多くの神様を拝んでいたのです。正月の鏡餅が二十九座り必要だとも書いています。宣長の『鈴屋《すずのや》集』に「二神拝詞」という大巳貴神・少那毘古那神を拝む祝詞があり、医の神としてこれだけを折本にした祝詞が手許にあります。

徳川時代の中後期になると、さまざまな祝詞集が刊行されていきます。それなりの需要があったようで、これらの物が折本の形であることは、神棚の前での奏上用として意識されていたことがわかります。祝詞集の刊行に一役買ったのは平田篤胤《ひらたあつたね》の『毎朝神拝詞記』でした。この初版は文化十三年、渡辺之望の序があるもので、「拝龍田風神詞」以下二十五編が収められています。どれもが篤胤独自の祝詞で、これはそれほど流布しませんでしたが、その後の平田国学の流行で、十四年後の文政十二年にこれを改正再板して刊行することになります。この祝詞集は明治に至るまでいくつかの改編をしながら刊行され、さらにこれに類した祝詞集も篤胤の門人たちによって刊行されていきます。篤胤は大祓詞にも注目し、その注釈を書くとともに、これを折本の形として刊行します。『大祓詞正訓』がそれで、初めは天保三年に門人の羽田野敬雄《はたのたかお》が刊行したものに諸社祝詞文例をつけて、嘉永二年（跋）に養子の平田鉄胤《ひらたかねたね》が刊行しました。題簽に「天津祝詞諸社祝詞文例」とあります。

一方、この祝詞集の流行にのって『中臣祓』も刊行されます。天保十一年のものが筆者の手許にあり、「六根清浄大祓」「中臣大祓」「三種大祓」が記されています。「吐普加身依身多女《とほかみえみため》　波羅伊玉意喜余目出玉《はらいたまいきよめでたまい》」が神前の唱え詞であったようです。貞樹宿禰《さだきすくね》撰の『中臣祓詞記』はかなり流布したもののようで、明治二十一年の版もあります。ここには「中臣祓、身滌祓詞、一宮詞、毎朝神拝奉詞、地堅祭祝詞、家堅祭祝詞、上棟神祭祝詞、祈雨神祭祝詞」の八種の祝詞が収められています。同じ貞樹宿禰がまとめたという『諸社神拝記』には「神祇伯白川殿門人貞樹宿禰撰」とあって、この人物が白川神祇伯王家の門人だったことが明記されていますが、詳細は不明です。これにも明治版があり、さらにこれが集大成されて『神道大祓大全』に纏められ、明治の中頃まで流布しました。

幕末から明治初期にはかなりの折本の祝詞集が刊行され、筆者の手許にもいくつかあります。造化《ぞうか》三神への信仰を高めるため、岩崎長世《いわさきながよ》は『拝造化三神詞』を慶応元年に書きます。巻末に「白川殿の学び殿にさもらふ岩崎長世」とあります。島崎藤村《しまざきとうそん》の父、島崎正樹《まさき》は『栄樹葉』という祝詞を出しています。これは刊年が明記されていませんが、明治初年のようです。内容も「天神地祇及産土神諸乃神多知袁《たちを》拝辞」一編のみで、文末に「此波《は》天神地祇及産土神家乃《の》神棚諸囹乃《の》宮社何乃《の》神尓母《にも》願白倍伎《べき》事実袁《を》列弖《て》述鶴《つる》尓《に》許曽《こそ》　島崎正樹謹記」とあります。『諸神拝詞記』は平田の門人である玉舎白幡義篤《しらはたよしあつ》が明治三年に刊行、また須賀廼舎蔵版の『神拝詞』、平田の門人である楠舎永井正懿の『拝詞記』、一枚もので龍田神社社務所からだした「神拝詞」もあります。これには、神棚に向ひ《い》て拝む詞、産土神を拝む詞、先祖代々の霊屋《たまや》を拝む詞があり、「手を二つうち頭を下げて申し　終りて又手を二つ拍《う》ち頭を下げて拝むべし　何の神を拝むも同じ」とあります。同様なものに出雲大社の千家尊福の『日拝詞』が明治十二年に刊行されています。

また、一方で『大祓詞略解』（安江静著・明治九年刊）など大祓や神葬祭用の祝詞が出回ります。さらに出羽三山や御嶽神社、金毘羅神社などそれぞれの神社用の神拝詞が刊行されます。そして明治の中後期以降は奏上する祝詞のほかに、神職が祝詞作文をするための教本などが刊行されていきます。明治九年に刊行された神道事務局編（松野《まつの》勇雄《いさお》）の『祝詞文例』八冊は、その最初の参考書と言えます。

このように家庭祭祀祝詞にも長い歴史があります。それは日本人が神棚を家の中心に据えた生活をしてきた証なのです。再度、神様と一緒の生活に立ち返って潤《うるお》いを見出してください。

3、祓詞《はらえことば》――日々犯している罪・穢れを祓うための〝ことば〟

「祓詞」とは、人の体を清める力をもつ祝詞です。人が神様に近づき、お願いごとをするためには事前の準備が必要です。まず、体を清めなくてはなりません。人は日常の生活の中で、さまざまな穢れと接しています。不浄のものを見てしまったり、触れたりしています。また、無意識のうちに過失を犯していることもあります。それゆえ、神を拝む前に「祓詞」を唱えて身を清めるのです。皆さんは神社にお参りに行くと「手水《てみず》」といって、水を汲んで口や手を清めることをします。口や手先はほかのものと接しやすく、穢れやすい場所なのです。そのため、水で穢れを洗い流すのです。家庭でも、まず手水をとることをお勧めします。

次に、神前に進み呼吸を整え、静かな環境を作ります。その後、二度深く御辞儀をし「祓詞」を唱えます。「祓詞」は神代の昔、黄泉《よみ》の国から穢れた身で帰ってこられた伊邪那岐命が筑紫の日向《ひむか》の橘《たちばな》の小戸《おど》の阿波岐原《あはぎはら》で禊《みそぎ》をされた時に生まれたという祓戸《はらえど》の神様のお力によって、穢れた身を清めるものです。神社でも神事の前には、必ずこの「祓詞」を唱え、榊の枝に紙垂《しで》を麻で結びつけた（又は紙垂を麻で束ねた）大麻《おおぬさ》を用いて左・右・左と祓います。この神事を「祓いを修める（修する）」ことから「修祓《しゅばつ》」と言います。

古い神社ではこの祓戸の神様をお祀りしている場があり、そこをお祓いの場所である祓戸《はらえど》にしますが、大方の神社では特にこの神様をお祀りすることがありません。これは本来（祓戸の神様のお力をいただいて）、言霊の力で身を清める神事なのです。ですから「祓詞」は、音吐朗々《おんとろうろう》と唱えて言霊の力で身を清めることになるのです。唱え終わったら、また二度深く御辞儀をし、二回手を打ち、もう一度深い御辞儀をします。神前での祝詞の奏上のしかたは別に詳しく書きましたが、すべてこれと同じです。次に、神社本庁が選定した「祓詞」を挙げておきます。大方の神社の修祓の時に奏されるものはこれです。

【祓《はらえ》 詞《ことば》】

掛《か》けまくも畏《かしこ》き伊邪那岐《いざなぎ》の大神《おおかみ》、筑紫《つくし》の日向《ひむか》の 橘《たちばな》 の小戸《おど》の阿波岐原《あはぎはら》に禊《みそ》ぎ祓《はら》ひたまひし時になりませる、祓戸《はらえど》の大神《おおかみ》たち、諸々《もろもろ》の禍事《まがごと》、罪《つみ》、穢《けが》れあらむをば、祓へたまひ、清《きよ》めたまへと申《もう》すことをきこしめせと、畏《かしこ》み畏《かしこ》みも白《もう》す。

〈現代語で読む〉　言葉に掛けて申しあげるのも恐れ多い伊邪那岐の大神様が、筑紫の日向にある橘の小戸の阿波岐原でお体を禊ぎ祓いなされたときにお生まれになられた、祓戸の大神様たちにお願いです。さまざまな良くないこと、罪や穢れが身についているならお祓いください、お清めくださいと申し上げることをお聞き届けくださいと、恐れ謹《つつし》んで申し上げます。

〈参考〉　天津祝詞

天津祝詞は神社本庁の「祓詞」以前の古い形のもので、趣旨は同じですが、祓戸の神のほかに「天津神《あまつかみ》・地《くに》津神《つかみ》・八百万神等もともに祓い清めてください」と申し上げる祝詞です。

高天原《たかまがはら》に神留坐《かむづまりましま》す神漏岐《かむろぎ》　神漏美《かむろみ》の命以《みことも》ちて皇親《すめむつ》神《かむ》伊邪那岐《いざなぎ》乃《の》大神《おおかみ》、筑紫《つくし》の日向《ひむか》の 橘《たちばな》の小門《おど》の阿波岐原《あはぎはら》に禊《みそ》ぎ祓《はら》ひ給《たま》ひし時《とき》に　生《あ》れ坐《ま》せる　祓戸《はらえど》の大神等《おおかみたち》、諸々《もろもろ》の禍事罪穢《まがごとつみけが》れを祓《はら》へ給《たま》ひ　清《きよ》め給《たま》へと　申《もう》す事《こと》の由《よし》を　天津神《あまつかみ》　地津神《くにつかみ》　八百万《やおよろづの》神等共《かみたちとも》に聞《き》こし食《め》せと　畏《かしこ》み畏《かしこ》みも申《まを》す

【略祓詞】

祓詞を略したものに、いくつかの略祓詞があります。

祓へ《はらえ》給ひ《たまい》　清《きよ》め給へ《たまえ》　（四回唱えます）

※「祓へ給ひ」を「祓ひ給ひ」などとするものがありますが、誤用ですから注意してください。「祓ふ」という語はハ行の下二段活用ですから、「祓へ」「祓へ」「祓ふ」「祓ふる」「祓ふれ」「祓へよ」と活用します。「給ふ」には連用形で接続しますから「祓へ」となります。お祓いをする名詞に「祓へ《え》」「祓ひ《い》」と二つありますから、これによる誤用です。「大祓」は「おおはらへ（え）」であり「おおはらひ（い）」とも言いますが、パソコンの変換は「おおはらえ」です。

【大祓詞】

大祓詞には二種類あります。一つは六月、十二月の大祓において社頭の斎場で参列者に読み聞かせるもので、始めと終わりが「――と宣《の》る」となっているものです。これは言霊の作用により神職始め参列者の罪穢れを祓うもので、平安時代初期の『延喜式』の祝詞に見え、古くから行われてきたものです。もう一つは、終わりが「畏み畏みも白す」という奏上型です。これは読み聞かせる大祓詞を神前に奏上する形に改めたものです。二つと

も本来は天津罪と国津罪が挙げられていましたが、神社本庁選定の大祓詞はこれを削除した形となっています。大祓詞は長く、初めての人には時間もかかり難しく感じることもありますが、何か不吉なことがあった時に神前に奏上すれば気持ちが晴れ晴れとしてきます。

大祓詞　神社本庁選定

高天原《たかまのはら》に神留《かむずまり》坐《ま》す　皇《すめら》が親神漏岐《むつかむろぎ》　神漏美《かみろみ》の命以《みこともち》て　八百萬神等《やおよろづのかみたち》を神集《かむつど》へに集《つど》へ賜《たま》ひ
神議《かむはか》りに議《はか》り賜《たま》ひて　我《あ》が皇御孫《すめみま》の命《みこと》は　豊葦原《とよあしはら》の水穂國《みづほのくに》を　安國《やすくに》と平《たいら》けく知食《しろしめ》せと
事依《ことよ》さし奉《まつ》りき　此《か》く依《よ》さし奉《まつ》りし國中《くぬち》に　荒振《あらぶ》る神等《かみたち》をば　神問《かむと》はしに問《と》はし賜《たま》ひ　神掃《かむはら》
ひに掃《はら》ひ賜《たま》ひて　語問《こととと》ひし磐根《いはね》　樹根立《きねたち》　草《くさ》の片葉《かきは》をも語止《ことや》めて　天磐座放《あめのいはくらはな》ち　天《あめの》八《や》重雲《へぐも》
を　伊頭《いつ》の千別《ちわき》きに千別《ちわき》きて　天降《あまくだ》し依《よ》さし奉《まつ》りき　此《か》く依《よ》さし奉《まつ》りし四方《よも》の國中《くになか》と　大《おお》
倭日高見國《やまとひだかみのくに》を安國《やすくに》と定《さだ》め奉《まつ》りて　下《した》つ磐根《いはね》に宮柱《みやばしら》太敷《ふとし》き立《た》て　高天原《たかまのはら》に千木《ちぎ》高知《たかし》りて　皇《すめ》
御孫命《みまのみこと》の瑞《みづ》の御殿《みあらか》仕《つか》へ奉《まつ》りて　天《あめ》の御蔭《みかげ》　日《ひ》の御蔭《みかげ》と隠《かく》り坐《ま》して　安國《やすくに》と平《たいら》けく知食《しろしめ》さ
む國中《くになか》に成《な》り出《い》でむ天《あめ》の益人等《ますひとら》が　過《あやま》ち犯《おか》しけむ種種《くさぐさ》の罪事《つみごと》は　天《あま》つ罪《つみ》　國《くに》つ罪《つみ》　許許太《ここだ》
久《く》の罪《つみ》出《い》でむ　此《か》く出《い》でば　天《あま》つ宮事《みやごと》以《も》ちて　天《あま》つ金木《かなぎ》を本《もと》打《う》ち切《き》り　末《すえ》打《う》ち斷《た》ちて　千座《ちくら》
の置座《おきくら》に置《お》き足《た》らはして　天《あま》つ菅蔴《すがそ》を本《もと》刈《か》り斷《た》ち　末《すえ》刈《か》り切《き》りて　八針《やはり》に取《と》り辟《さ》きて　天《あま》つ

祝詞《のりと》の太祝詞事《ふとのりとごと》を宣《の》れ
此《か》く宣《の》らば　天《あま》つ神《かみ》は天《あめ》の磐門《いはと》を押《お》し披《ひら》きて　天《あめ》の八重雲《やへぐも》を伊頭《いつ》の千別《ちわ》きに千別《ちわ》きて　聞食《きこしめ》さむ　國《くに》つ神《かみ》は高山《たかやま》の末《すえ》　短山《ひきやま》の末《すえ》に上《のぼ》り坐《ま》して　高山《たかやま》の伊褒理《いほり》　短山《ひきやま》の伊褒理《いほり》を搔《か》き別《わ》けて聞食《きこしめ》さむ　此《か》く聞食《きこしめ》してば　罪《つみ》と云《い》ふ罪《つみ》は在《あ》らじと　科戸《しなど》の風《かぜ》の天《あめ》の八重雲《やえくも》を吹《ふ》き放《はら》つ事《こと》の如《ごと》く　朝《あした》の御霧《みぎり》　夕《ゆうべ》べの御霧《みぎり》を　朝風《あさかぜ》　夕風《ゆうかぜ》の吹《ふ》き拂《はら》ふ事《こと》の如《ごと》く　大津邊《おおつべ》に居《お》る大《おお》船《ふね》を　舳解《へと》き放《はな》ち　艫解《ともと》き放《はな》ちて　大海原《おおうなばら》に押《お》し放《はな》つ事《こと》の如《ごと》く　彼方《おちかた》の繁木《しげき》が本《もと》を　焼鎌《やきがま》の敏鎌《とがま》以《も》ちて　打《う》ち掃《はら》ふ事《こと》の如《ごと》く　遺《のこ》る罪《つみ》は在《あ》らじと　祓《はら》へ給《たま》ひ清《きよ》め給《たま》ふ事《こと》を　高山《たかやま》の末《すえ》　短《ひき》山《やま》の末《すえ》より　佐久那太理《さくなだり》に落《お》ち多岐《たぎ》つ　速川《はやかわ》の瀬《せ》に坐《ま》す瀬織津比賣《せおりつひめ》と云《い》ふ神《かみ》　大海原《おおうなばら》に持《も》ち出《い》でなむ　此《か》く持《も》ち出《い》で往《い》なば　荒潮《あらしお》の潮《しお》の八百道《やほぢ》の八潮道《やしほぢ》の潮《しお》の八百會《やほあい》に坐《ま》す速開都比賣《はやあきつひめ》と云《い》ふ神《かみ》　持《も》ち加加呑《かかの》みてむ　此《か》く加加呑《かかの》みてば　氣吹戸《いぶきど》に坐《ま》す氣吹戸主《いぶきどぬし》と云《い》ふ神《かみ》　根國《ねのくに》底國《そこのくに》に氣吹放《いぶきはな》ちてむ　此《か》く氣吹放《いぶきはな》ちてば　根國《ねのくに》　底國《そこのくに》に坐《ま》す速佐須良比賣《はやさすらひめ》と云《い》ふ神《かみ》　持《も》ち佐須良《さすら》ひ失《うしな》ひてむ　此《か》く佐須良《さすら》ひ失《うしな》ひてば　罪《つみ》と云《い》ふ罪《つみ》は在《あ》らじと　祓《はら》へ給《たま》ひ清《きよ》め給《たま》ふ事《こと》を　天《あま》つ神《かみ》　國《くに》つ神《かみ》　八百萬《やおよろづ》の神等共《かみたちとも》に　聞食《きこしめ》せと白《まを》す

【語句解説】

本書の祝詞に使われている語句で、難解なものなどを五十音順に並べてあります。

【あ】

明津御神《あきつみかみ》　神そのものの神性をお持ちになること。

朝日《あさひ》の豊栄昇《とよさかのぼ》り　朝日がゆったりと輝きながら昇りゆくこと。早朝のことを言う。

あずさゆみ　「春」の語を導く枕詞。

厚《あつ》き広《ひろ》き　重厚で広大なこと。

あつしくなる　病気が重くなる。

あまた　数の多いこと。たくさん。

天足《あまた》る　十分に充足して満ちること。

綾《あや》に　言い表せないほどに。

あらしめ給《たま》へ《え》　（そのように）過ごさせ（存在させ）てください。

あらたまの　「年」の語を導く枕詞。

あらむ《ん》をば　「む」は仮定の意味をもつ助動詞。「もしあるならば」の意味。

【い】

い　名詞（名前）などの下につけて上の語句を強調する語。祈願者の氏名の下に添えるが、自己の祝詞には必要ないため本書では省いた。家族の名前を奏上する場合には添えてもよく、厳密なものではない。

〔例〕太郎ぃ

いかにせまし　どのようにしようか。どうしたらよいのかと思い悩むこと。

伊邪那岐大神《いざなぎのおおかみ》　伊邪那岐命《いざなぎのみこと》のことで神漏岐命《かむろぎのみこと》とも申す。神代になり出でた男の神様で、伊邪那美《いざなみの》命《みこと》を女の神として初めて一組となり、日本の国生みを始め、多くの神々をお生みになった。最後に伊邪那美命が火の神を生み、火傷をされて亡くなり、黄泉の国へ行かれたのを追って行かれたが、そこは薄暗く汚い場所であった。さまざまな試煉を乗り越えて黄泉《よみ》からお戻りになった伊邪那岐命は穢れた身を清めるために禊《みそぎ》をする。死者の国である黄泉から帰ってきたので「黄泉帰《よみがえ》り＝蘇（甦）り」と言う。

いそのかみ　「古」の語を導く枕詞。

勤《いそ》はき努《つと》むる　勤しみ。（勤勉に）努力すること。

いたづき　苦労や困難、また病気のこと。

いちはやし　「神」の語を導く枕詞。神の威力が強大であること。「ちはやぶる」より古いとされる。

五日《いつか》の風《かぜ》十日《とおか》の雨《あめ》　五日おきに風、十日おきに雨が降ることで、天候が順調なこと。五風十雨。

斎《いつ》きまつる　お祀り申し上げる。

妹背《いもせ》の契《ちぎ》り　結婚すること。妹は女性、背は男性。夫のことを「背《せ》の君《きみ》」とも言う。

いや――　益々《ますます》盛んに。

弥更《いやさら》に高《たか》き御蔭《みかげ》　ますますさらに御加護を蒙るの意。

いやちこに　神の霊験が明白であること。著しいこと。

入紐《いれひも》の　「一つ」の語を導く枕詞。

岩田帯《いわたおび》　安産を祈願して妊婦が妊娠五か月の戌《いぬ》の日に身に着けるもの。

【う】

領《うしは》く　その土地を占拠して治める、神様がその地域を護ることとも言う。

うむかし　喜ばしい、うれしいの意味。おむかしともいう。

初冠《ういこうぶり》　男子が十五歳で初めて冠を加える成人儀礼。元服。

歌枕《うたまくら》　和歌に詠まれた名所。歌からその場のイメージが定着している。

顕《うつ》し世《よ》　この世、現世のこと。

諾《うべな》ふ《う》　承知する、わかること。

うまごる　群がり集まる、蝟集《いしゅう》すること。

うましめぐかし　うましは立派、すばらしいこと。めぐしは愛らしいこと。愛《め》でること。

うら――　うらは心のこと。「うら楽し」は心が楽しいこと。「うら安し」は安心。

占《うら》にあふ《う》　これがよいだろうと神の判断がくだること。

【え】

え歩《あゆ》み叶《かな》はず　一人で歩くことができない。「え——打消し（ず）」で不可能を表す。

【お】

大直日神直日《おおなおびかんなおび》　過誤や曲がったことを元のように直してくださる神様。直日神。

大御稜威《おおみいつ》　神様のお力や威徳。「大御《おおみ》」は神や天皇に関する接頭語。強い尊敬を表す。大御心《おおみこころ》、大御歌《おおみうた》、大御言《おおみこと》などと使う。大御《おおみ》宝《たから》は天皇が愛護する国民の意。

大宮《おおみや》柱《はしら》太敷《ふとし》き立《た》て　立派な宮殿を建てること。

大御代《おおみよ》を斎《いわ》ひ奉《まつ》り幸《さきわ》ひ奉《まつ》り　神々様が天皇陛下の御治世をお守りし幸福をもたらすこと。

奥津《おくつ》御《み》年《とせ》　その年に穫れる稲のこと。年《とし》は稲を意味する。

尾籠《おこ》の痴《し》れ者《もの》　馬鹿者、けしからぬ奴。

穏《おだ》ひに心安《うらやす》く　平和で心配事もなく。心を古語で「うら」と言う。

おのがじし　各自それぞれに。

帯解《おびとき》　女子が大人用の帯に替える儀礼。時代によりまた身分により年齢に相違があるが、主に七歳で行われた。

御《お》《み》前《まえ》　神様の前　大前　広前とも言う。

おろか　疎遠、いい加減なこと。

【か】

返《かえ》り（こと、——申《まお》《もう》し）　お礼を申し上げること。報賽。

幽世《かくりよ》（冥世）　神道で言う、死後の世界。幽世に行く（死）ことを「帰幽《きゆう》」と言う。

掛《か》けまくも畏《かしこ》き　祝詞の冒頭の常套用語で神なのどの畏怖すべき対象である神名などにつける語。「心に掛けて思うこと（または言葉に掛けて言うこと）も畏れ多く憚《はばか》りがある」という意味で謙遜した言い方。同様な言い方に「言は《わ》まくも尊《たっと》き（言葉に出して申し上げることも畏れ多いくらい尊い）」がある。

恐《かしこ》み恐《かしこ》みも白《まお》《もう》す　祝詞の文末の常套用語で「恐れ畏こみ謹んで申し上げる」の意。「謹《つつ》しみ敬《いや》まひ《い》畏み畏みも白す」などと申し上げることもある。

忝《かたじけな》み謝《いや》び　尊くてもったいない。忝いと思い、感謝すること。

感《かま》け　感染する、伝染すること。

髪上《かみあげ》　裳着《もぎ》　女子が十二、三歳で初めて裳を着けて行う成人儀礼。結婚前の髪上とともに行った。

髪置《かみおき》　女子が子供の長さの髪の毛を伸ばし始める儀礼。時代によりまた身分により年齢に相違があるが、主に三歳で行われた。

神足《かみた》らひ《い》満《み》ち足《た》らひ《い》　神の御威力が欠けることなく充足して一層大きくなること。

神床《かみとこ》　神棚のこと。神棚でもよい。

神《かむ》ながら　神習《かんなら》ふ　神のみこころのままに従って。

神図《かみはか》り　神様が相談されること。

【き】

きこしめす　「聞く」という語の尊敬語「きこす」にさらに敬意を持たせた語。「お聞きになる」の意。また同じ語で「飲む、食う」の尊敬語（召し上がる）の意もあるので状況の関係からどちらかを読み取る必要がある。「御饌神酒きこしめせ」であれば御饌神酒を召し上がれの意味となる。

【く】

くさまくら　「旅」の語を導く枕詞。

くれたけの　「世」の語を導く枕詞。

細戈《くわしほこ》千《ち》足国《たるのくに》　たくさんの武器が備わっている国。『日本書紀』神武天皇三十一年四月にこの言葉がある。

【け】

怪《け》し　とんでもない。よくない。

【こ】

ことなく　重大な事件がないこと。ことは異なること。

ことの由《よし》　そのようなわけ。そのようなこと。由は理由や成り行き。

【さ】

幸魂奇魂《さきみたまくしみたま》　幸いをもたらす霊魂や、不思議な働きをする霊魂。

多《さわ》に　数量が多いこと。たくさん。歴史的仮名遣は「さはに」。

【し】

しじまふ《う》　縮こまる。萎縮すること。

鎮《しず》まります　御鎮座になる。神霊は鎮まると表現する。

治《しろし》めす　統治する。治める。

【す】

天皇《すめらみこと》の大御代《おおみよ》　天皇陛下の御治世。

【た】

平《たい》らか　平和であること。

平《たい》らけく安《やす》らけく　平安であること、ゆったりと落ちつき安らかであること。

高《たか》き尊《とうと》き　けだかく崇め敬うさま。

高砂《たかさご》の松《まつ》　相生《あいおい》の松《まつ》　黒松と赤松が自然に合着して成長して、これを相生の松という。仲良く長生きの意味がある。

立《た》ち返《かえ》る　元に返ること。月日や年は、経過したり加算するのではなく、毎日毎年新しく戻るものと考えられていた。嫌なことが起きても、またやり直せばよいという考え。

たつき　生活、または生きるための手段。暮らしむき。

称《たた》へ辞《ごと》竟《お》へ奉《まつ》る　感謝の気持ちでほめたたえて申し上げること。

棚《たな》つ物《もの》　棚《たな》は種。種の物の意味で本来は五穀をさす。ここではお供えしたさまざまなもののこと。

手肘《たなひじ》に水泡《みなわ》掻《か》き垂《た》り、向股《むかもも》に泥《どろ》掻《か》き寄《よ》せ　泥田の中で行う田植えを表現したもので、古く延喜式祝詞に見える語。田植えが重労働であったことを示す。向股は向き合う二つの股。

——給《たま》ひ　尊敬表現。上にある動詞を尊敬語化する。「お——になる」と訳す。（補助動詞）

たまの緒《お》の　「命」の語を導く枕詞。
たまほこの　「道」の語を導く枕詞。
たらちねの　「母・親」の語を導く枕詞。
足穂《たるほ》の瑞穂《みずほ》　稲穂が見事に実ること。

【ち】

ちはふ《う》　ちは霊力。神様のお力が活発に動くこと。御加護が加わること。
千万《ちよろず》かけて　千年も何年もずっと。長い年月かけて。

【つ】

筑紫《つくし》の日向《ひむか》の橘《たちばな》の小戸《おど》の阿波岐原《あわぎはら》　実際にこれがどこであるかは、遠い神話の時代の出来事なので明確にはわからない。しかし、その場であると伝承されている地域がある。筑紫は九州地方を指す名称で、日向は現在の宮崎県から鹿児島県の一部あたりを指す地名。橘の小戸（門）の「と」は河川の流れが海に注ぐような場を指す。水＋門＝みなと→港であるように、川が海に入る場所。宮崎市内には阿波岐原の地名があり、そこに江田神社（式内社）が鎮座し、その周辺がその伝承地ともいわれている。阿波岐の解釈も水泡《みなわ》と関連しているとの説がある。いずれにせよ海辺に近い川口の場所。
恙《つつ》むことなく　何事も問題がないこと。恙虫から生じた語。
つれなし　薄情非情なこと。
常《つね》も常《つね》も　いつもいつも。

【て】

手《て》の蹪《まが》ひ足《あし》の蹪《まが》ひ　ちょっとした失敗やつまずき。手足で対句表現となっている。

【と】

――とふ《う》　――てふ《ちょう》　「――という」の古い表現。
遠《とお》つ神代《かみよ》のこと依《よ》さし　我が国の神話に、天孫降臨にあたり、天《あま》照大御神《てらすおおみかみ》が孫の邇々藝命《ににぎのみこと》に高天原で耕作していた稲穂を授けたことが見え、高天原の田の再現を依頼した。神道における稲作はこの「こと依さし（依頼）」に対する実践。

遠《とお》つみ祖《おや》　先祖。

常若《とこわか》　永久に若々しいこと。

常磐《ときわ》に堅磐《かきわ》に　永久永遠に盤石《ばんじゃく》であること。変化しない磐や堅い磐からの連想。

豊御饌《とよみけ》を炊《かし》ぎ、豊神酒《とよみき》を醸《かも》し　その年に穫れた米で飯を炊き、神酒を作って新嘗祭にお供えすること。

【な】

地震《ない》　「なゐ」と読み、地震が揺れることを「なゐふる」という。

長彦稲《ながびこいね》の饒稲《にぎしね》　稲穂が長大で、実がたくさんついていること。

なし幸《さきわい》ひ　「なす」はそのようにすること。幸せにすること。

名《な》にし負《お》ふ　名前として負い持つ。名前についている。

【ね】

ねびまさる　成長すること。「ねぶ」とも言う。

【は】

袴着《はかまぎ》　男子が初めて袴をつける儀式で古くは三歳、その後五歳で行うようになった。

肇国《はつくに》　日本の国の建国の始めのこと。

祓戸《はらえど》の大神　伊邪那岐命が黄泉国から帰られて、禊をされた時に生まれた神々の総称。この時に多くの神が生まれたが、どの神を指すのかはわからない。最初に災厄を司る神として大禍津日《おおまがつひ》神・八十《やそ》禍津日《まがつひ》神が生まれ、次に禍津日神の災厄を直す神として神直毘《かんなおび》神・大直毘《おおなおび》神・伊豆能売《いずのめ》神が生まれた。また「大祓詞」には諸々の禍事・罪・穢れをそれぞれの分掌を担って次々に祓い清める神として瀬織《せおり》津比売神《つひめのかみ》、速開都比売神《はやあきつひめのかみ》、気吹戸《いぶきど》主神《ぬしのかみ》、速佐須良比売神《はやさすらひめのかみ》の名が記されているが、速開都比売神以外の神は記紀神話に現れない。

【ひ】

久《ひさ》しく　長い時間。長い歳月。現代語の「久しぶり」の意味ではない。

【ふ】

浮宝《ふね》 船のことをこのように表記する。『日本書紀』神代巻上、一書にある。

【ま】

禍事《まがごと》 災いやよくない出来事。大禍津日神などの悪事の神がもたらすと考えた。これを直す神が直日神。「禍《まが》」は曲がったことが語源。それに対し「直《なお》」はまっすぐなこと、正しいことを言う。

――奉《まつ》り 謙譲表現。上にある動詞を謙譲語化する。「――申し上げる」と訳す。（補助動詞）

まなかい 視点の交差するところ。目のすぐ前。

――まにまに ――のままに。なりゆきのままに。

【み】

御稜威《みいつ》 御は接頭語、神や天皇のすぐれて強大な御威光、本書では主に御加護と訳した。

瑞歯《みずは》 みずみずしい歯。「瑞歯くむ」は長生きすること。

禊《みそぎ》 みそぎの語源は体を水で洗い流す「身濯《みそそ》ぎ」とされる。清い水で、しかも流れのある中で身を清めること。日本民族はこの禊や祓《はらえ》を通して、常に身体を清めることをしてきた。これは外形だけではなく、体の内側の精神的なものから清めることを意味する。その濫觴《らんしょう》は黄泉の国から逃げ返ってきた伊耶那岐命が阿波岐原において禊をしたという記紀神話にある。伊耶那岐命が身に着けているものを次々に清めていくと、その都度に神々が誕生し、最後に左目を洗うと天照大御神、右目からは月読命、鼻を濯ぐと素戔嗚尊《すさのおのみこと》（以上を三貴神という）が生まれた。このように、禊は身を清めるとともに、新たな威力を身に生み出すものと考えられる。

見《み》そなはす 見るの尊敬語。御覧になる。

恩頼《みたまのふゆ》 神霊の御加護。お恵み。

嬰児《みどりご》 三歳くらいまでの幼児。

身《み》まかり　この世からまかる（去る）こと、死をさす。

身《み》もたなしらず　わがことをよそにして。

風流士《みやびお》　風流を理解する男性。

【む】

むらぎもの　「心」の語を導く枕詞。

【め】

愛《め》ぐし　愛らしい、可愛らしいこと。

【も】

もてなやみ草　悩みの種。

元《もと》の神坐《かみくら》　神様が本来おいでになる場所。そこから分かれた神霊を分け御霊《みたま》という。

喪《も》なく　不吉な災いがないこと。

【や】

焼鎌《やきかま》の利鎌《とがま》　火入れをして固く、よく切れる鎌。

安《やす》らか　安心していられること。

八咫烏《やたがらす》　「咫」は大きさを示し、「八咫」は「大きい」を意味する。熊野の地で迷った神武天皇を大和へ導いた大きな三本足の烏のこと。

弥猛心《やたけごころ》　勇猛な心、精神。

山鳥《やまどり》の尾《お》の　「長い」の語を導く序詞。

【ゆ】

幽界《ゆうかい》　神道における他界。「幽《かく》り世」とも言い、目に見えない死者の世界。現世と身近な場にあって、幽界からは現世は見通しであるという。→幽界《かくりよ》

ゆくりなくも　予期せずに突然。

世《よ》の長人《ながひと》　長寿の高齢者。

夜《よ》の守《まも》り日《ひ》の守《まも》り　夜も昼も一日中守りに守ること。

あとがき

私の家には祖父がお世話をしてゐた神棚があつたが、それとは別に自分の部屋に神棚をお祀りしたのは高校生の時だつた。神宮大麻と伊勢の松阪にある本居神社（現在の宣長ノ宮）のお札をお祀りしたのは、もう既に国学方面に興味を持つてゐたからである。月の初めや月末、また祝日や何かの記念日にはそれなりの祝詞を作文して奏上してきた。神《かむ》ながらの道に興味を抱いて、國學院大學の文学科に学んだ折に、教職のほかに神職課程を履修した。それは文学科の教科の中に國學院らしいものがないのにやや飽き足りなかつたからである。だが、祝詞講義は延喜式の祝詞で、実用の祝詞作文はなかつた。文学科においても作歌や擬古文を書く講義はなかつた。私の祝詞作文はその後の山川京子先生の指導による和歌の創作とも関はるのかもしれない。ところで本書には、私の大きな願ひが三つ含まれてゐる。

高校の国語教師を四十年近く勤めてきて、殊に古典学習に興味をもたせるやうに指導をしてきたのだが、その効果は年を追つて難しくなつてきてゐる。古典離れが実に甚だしいのである。何とかしなくてはならないと思ひながらも、文科省が推し進める小学生から英語を学ばせようといふ世の風潮に、私一人では抗しきれないで、悔しい思ひをしてゐる。もつと小学生の頃から古典作品に親しみ、古典を読み、俳句や和歌の創作をさせることが必要なのだが世の中は無関心である。普通科高校の新課程では古典の授業など、実際には隅に追ひやられてゐるのが実状である。大学では古典を学ばずに国語科の教職の資格が取れるやうで、その為まともに教へられない国語教師もゐると聞くから驚きである。時代は変な方へ動きつつある。私の第一の大きな願ひは、「古典学習の復権」である。

高校で学ぶ「古典文法」は、徳川時代には和文（擬古文）を書くためのものとして始まつたのであり、解釈のためのものではなかつた。明治時代の初めまでは和歌の創作と等しく擬古文の習作も行はれてゐたのであり、私は高校生に和歌（現代短歌ではない）と擬古文を作らせたかつたが、それに割くための授業時間数が少なく、できないまま定年を迎へてしまつた。

紀貫之は女性になつたつもりで『土左日記』を書いた。平安女流のあの流麗な文章を現代において「創作して書く」ことはかなり難しいやうで、「古文で綴つた」と誇る人の文はみな漢文の書き下しや徳川時代の候《そうろう》文のやうなもので、擬古文を書いてほしい私としては残念でならないのである。「文語の苑」といふ文語文の発表の場がインターネット上にあり、時に文語創作のコンクウルがあつて、過去に二度ほど賞を得たが、周囲を見回してもまだまだ足りない思ひでゐる。どうすべきか、私の二つ目の大きな願ひは「擬古文の復権」である。

それゆゑ私にとつて「祝詞」を作ることは和歌や擬古文を作ることと同じであつた。そしてそれは自室に神棚を祀つたときから始まつてゐたことになる。日本民族が神様の為に最高に麗しい言葉を摘み取り、それに修辞をつけ対句にするなど言葉を紡いで文章にしてきたその美しさを残さねばならないと思ふのである。

もう十五年以上前だらうか、用あつてフェイスブックを開かねばならなくなつた。今でもスマアトフォンを持たず、そのやうな環境から距離を置いてゐる身ではあるが、こればかりは、その必要性がなくなつたあとも継続してゐる。ただ、どうせ書くなら故意に擬古文で文をつづることにして、今も続いてゐる。これを御覧になつた方が、日々のこの擬古文のやうな内容のものを一つに纏め、高校生向きにした本を作つたらどうかと提案してくださつた。「汝《な》れは何の部活に入りたまふらむ」「われは陸上部に入りはべり（笑）」といふやうなものであるが、あまり需要がないからと即座に却下だつた。

そこで次に出たのがこの擬古文を生かした、家庭祭祀の祝詞集であつた。心の底で何とかせねばと思つてゐた「神棚（家庭祭祀）の復権」といふ私の三つ目の大きな願ひもあつたので、渡りに船である。なるほど、過去に自宅の神棚用に作文して奏上した祝詞がいくつもあるから、これに目を通して一つに編輯すればよく、それは神棚を祀る家庭祭祀の普及にも一役買ふかもしれないし、擬古文の復権も兼ねるであらうと考へたのである。ありがたいことである。

拙著『やさしく読む国学』（平成十八年刊）でお世話になった戎光祥出版の伊藤光祥氏の要望は、身近な出来事における俗事に関する祝詞で、しかも一般人が使へる簡単なものがほしいとのことであつた。高尚な雰囲気の漂ふ擬古文の姿を失はずに、その一方で引き籠りや不登校、いぢめなどの現代の抱へる問題を癒すことを主題とした祝詞作文を心がけたつもりだが、いかがであらうか。

私としては年間の恒例祭祀の祝詞も用意したかつたが、まづは第一弾として、さまざまな現代社会の抱へる不安解消のための祝詞に絞つてみた。教職に長くついてゐたことから、自分の経験から現代社会の問題へ切り込んだつもりである。本書を手にし、実際に神様とお話をしていただき、それで不安が解消されたり、幸運に導かれることがあれば幸ひであると思つてゐる。読者の方がさらにこのやうな祝詞、こんな不安の解消のお願ひを、などとの要望があれば版元にお申し出いただければ、第二弾の執筆に弾みがつくのではないかと思つてゐる。

以上、長々と申したが、この祝詞集には右の三つの私の願ひの中から「擬古文の復権」と「神棚（家庭祭祀）の復権」といふ二つが込められてゐることを御理解いただきたい。本書の成るにあたり、畏友で神職でもある中村裕之氏より種々の参考意見をいただいた。記してお礼を申し上げます。

最後に、歴史的仮名遣論者である私は、本来はそれを用ゐて本書を書きたかつたが、前著同様にあとがきのみ自由に書かせていただいた。近年の我が国は混沌としてゐるが、本書の祝詞をどの家庭でも唱えることで、きつと言霊の感応があることと思ふ。情報伝達の速い便利な時代になつた半面、人と人とのつながりが希薄化してゐて、触れ合ひや助け合ひ、許し合ふ寛容性などを取り戻さねばならない。擬古文と家庭祭祀が復権すれば、少しは日本らしさが見直され、将来的に三つめの「古典学習の復権」につながればと念願してゐる。その「古典学習の復権」や、また四つ目の「教職の復権」については、またどこかに書きたいと思つてゐる。

令和五年十二月

柿之舎《かきのや》　中澤伸弘

【著者略歴】

中澤伸弘（なかざわ・のぶひろ）

昭和60年、國學院大學文学科卒業、博士（神道学）。東京都会計年度任用職員（都立高校非常勤教員）、國學院大學兼任講師、不二歌道會歌道講座講師。38年間都立高校国語科教師として勤務し、退職後現職。国語教育を始め国学・近世和歌や神道等に幅広く活躍。主な著書に『やさしく読む国学』（戎光祥出版）、『神国の行方』『令和の皇位継承』『宮中祭祀』（展転社）、『一般敬語と皇室敬語がわかる本』（錦正社）、など多数。

[編集協力・ホームページの読み上げ音声提供]

中村裕之（市原市・飯香岡八幡宮神職）

自宅《じたく》であげる神棚祝詞《かみだなのりと》

令和6年3月1日初版初刷発行

令和6年7月1日初版第2刷発行

著　者　中澤伸弘

発行者　伊藤光祥

発行所　戎光祥出版株式会社

〒102-0083 東京都千代田区麹町1-7 相互半蔵門ビル8F

TEL：03-5275-3361（代表）　FAX：03-5275-3365

https://www.ebisukosyo.co.jp

制作協力　株式会社イズシエ・コーポレーション

印刷・製本　モリモト印刷株式会社

装　丁　山添創平

ISBN：978-4-86403-502-6